Les Soins aux chevaux

Ouvrage collectif
créé par Losange

Direction éditoriale
Hervé Chaumeton
Nicolas Ragonneau

Coordination éditoriale
Muriel Bresson

PAO
Nathalie Lachaud
Jean-François Laurent

Photogravure
Stéphanie Henry
Véronique Janvier
Chantal Mialon

ISBN : 2-84550-034-3
N° d'éditeur : 84550
Dépôt légal : août 2000

Achevé d'imprimer : juillet 2000
Imprimé en France par Clerc S.A. - 18200 Saint-Amand-Montrond

Équitation

Les Soins aux chevaux

Julie Deutsch

éditions proxima

Sommaire

Avant-propos

L'équitation est, avec les sports canins, une des seules disciplines sportives qui se partage avec un animal. Cet animal demande des soins, de l'attention, et une bonne compréhension de ses besoins naturels. Contrairement à un objet, à un outil, le cheval vit, respire, subit les influences extérieures comme la maladie ou le stress, c'est pourquoi il est important de savoir le comprendre, l'écouter, et s'en occuper afin qu'il reste en bonne santé physique et mentale. Il est ainsi à même de donner le meilleur de lui-même à son cavalier et de lui apporter non seulement des performances, mais aussi une relation enrichissante.

De l'entretien quotidien à la toilette des grands jours, en passant par les maladies et blessures courantes, le but de cet ouvrage est de définir les soins dont a besoin cet animal exceptionnel qu'est le cheval.

Connaître son cheval

L'équitation est un sport unique, qui permet le contact avec un être de chair et de sang. Tout cavalier se doit de connaître cet animal, pour apprendre à l'aimer, à le respecter, et comprendre ses besoins fondamentaux. Ce n'est qu'à cette condition qu'il deviendra peut-être un jour un véritable « homme de cheval ».

L'anatomie du cheval

Les différentes parties du corps

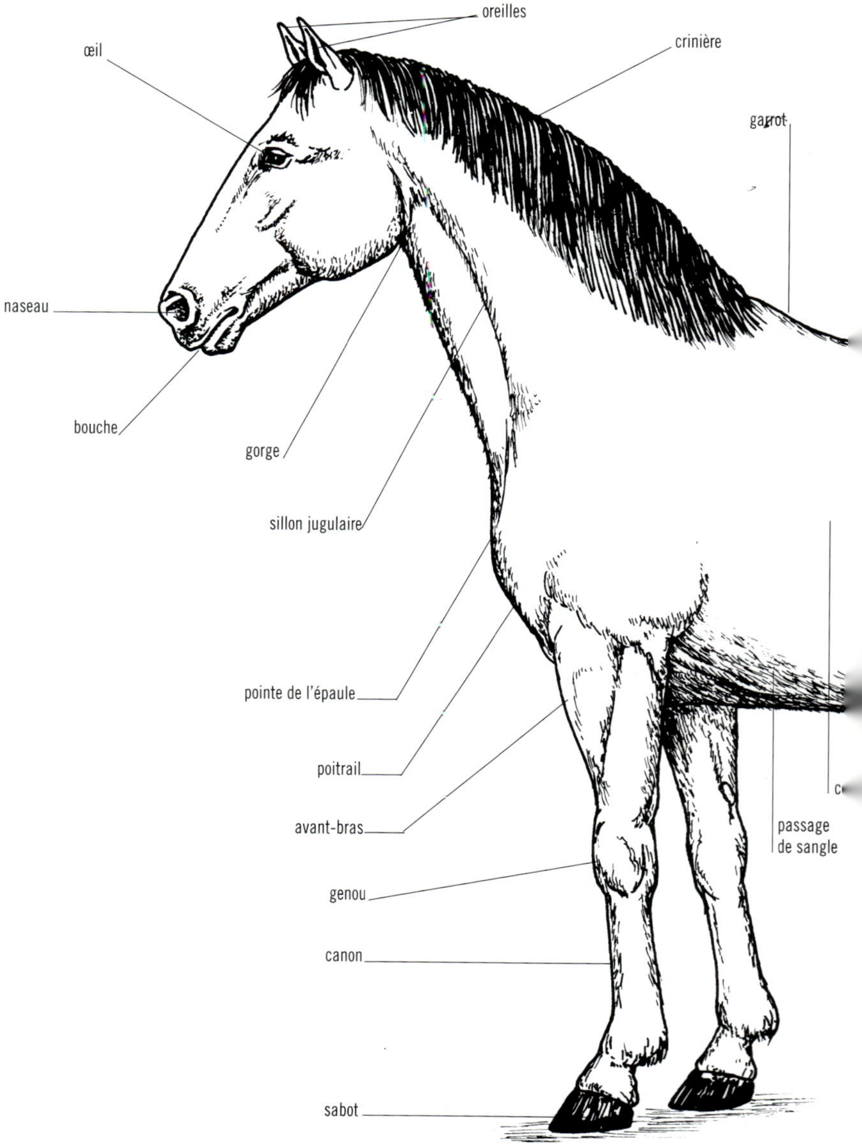

Le cheval est un équidé, tout comme ses cousins l'âne, l'onagre oriental et le zèbre africain. Sa conformation s'est, au fil des âges, adaptée au travail qu'il a eu à fournir pour l'homme et il existe des chevaux et des poneys de morphologies assez différentes, même si tous ont une anatomie similaire (voir illustrations). Pour pouvoir soigner correctement un cheval, il est indispensable de connaître ses besoins et ses spécificités. L'appareil locomoteur du cheval est parfaitement adapté à la vitesse, à l'effort et à la traction : absence de clavicule, membres longs et fins reposant sur un seul doigt, musculature très puissante, etc. Ses voies respiratoires et son système cardio-vasculaire sont, en outre, très développés. C'est un herbivore et un granivore, dont l'appareil digestif est composé d'un estomac de petite taille par rapport à la longueur de l'intestin et à son volume. En pratique, cela signifie qu'il est fait pour manger en quasi-permanence de petites quantités de nourriture à la fois, contrairement à un carnivore qui peut manger un gros volume d'aliments en une seule fois.

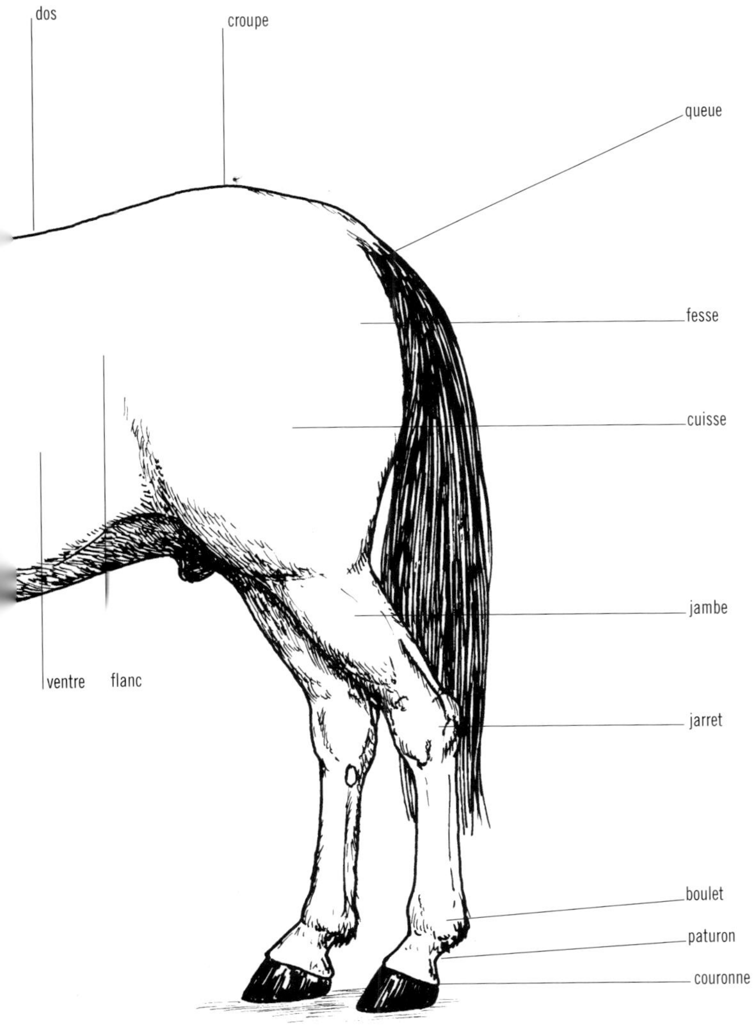

Le squelette et les muscles

Le corps

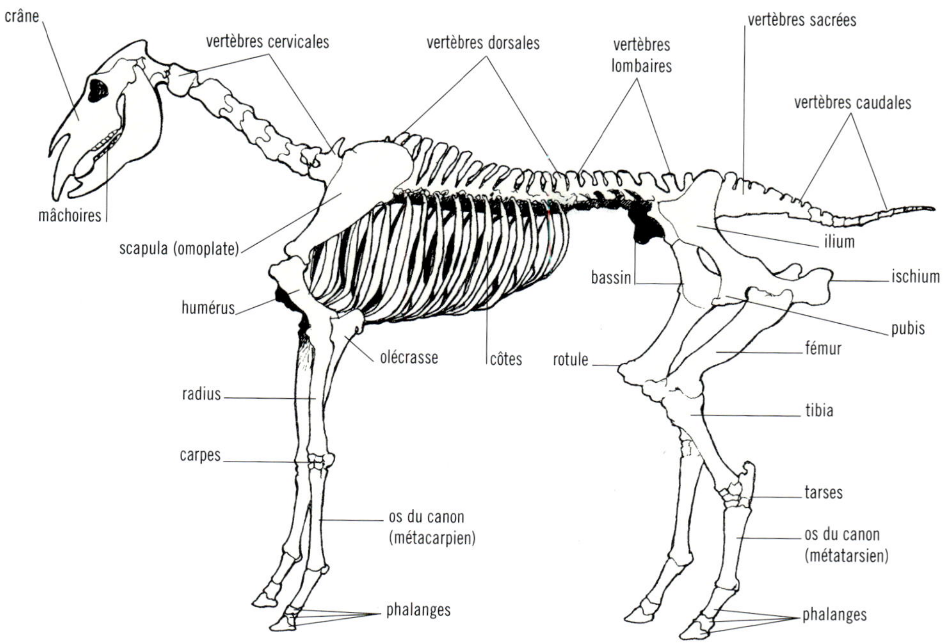

Les membres

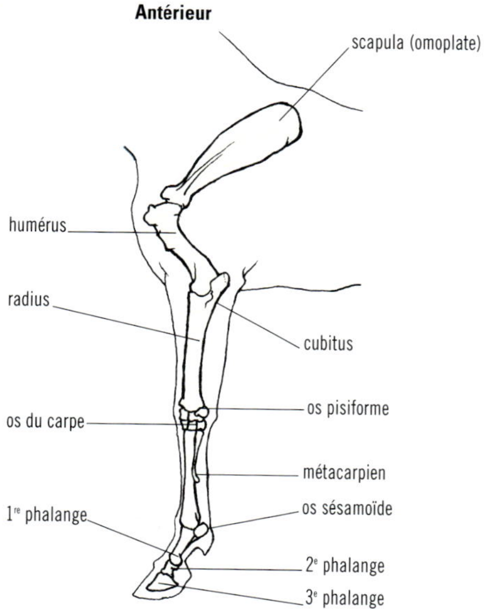

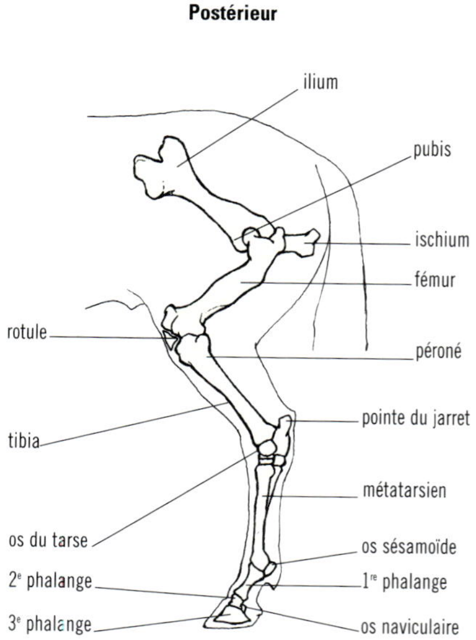

Les pieds

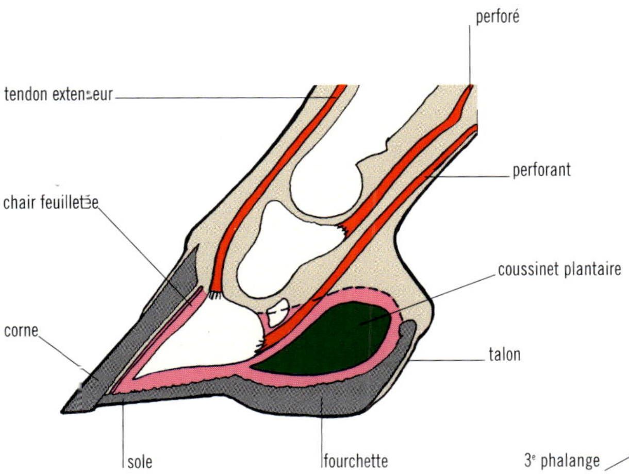

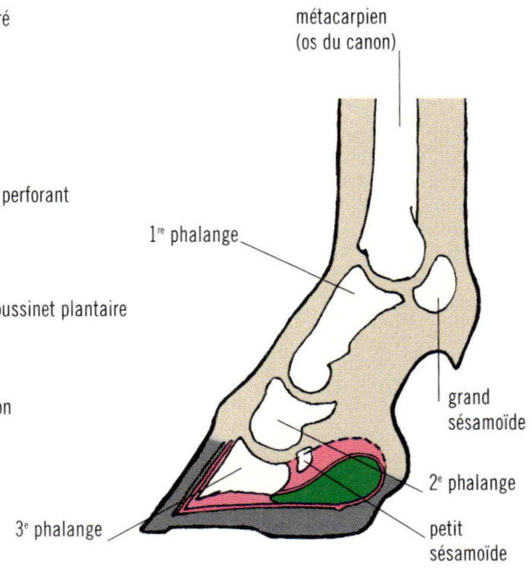

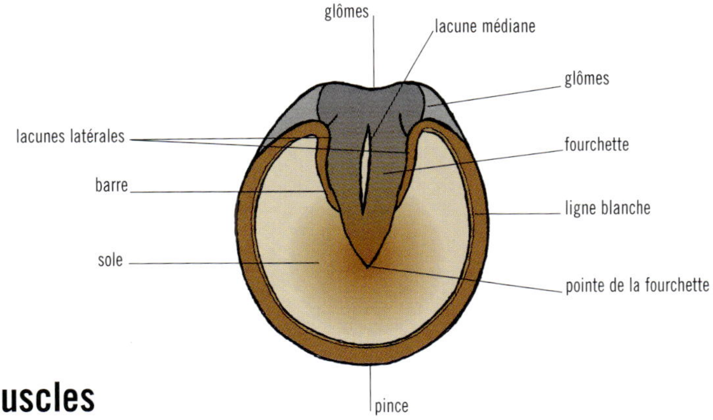

Les muscles

Antérieur

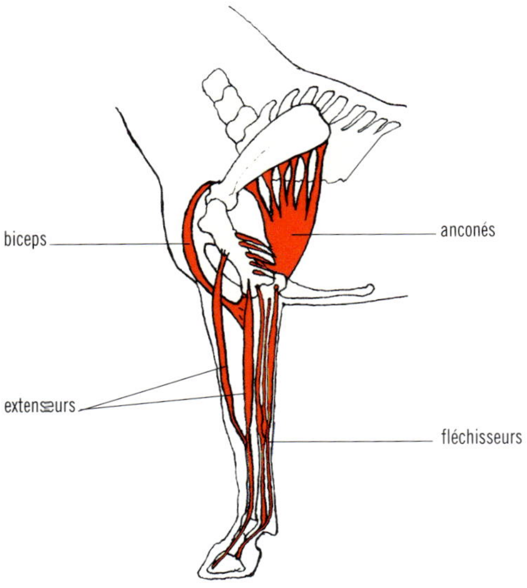

Postérieur

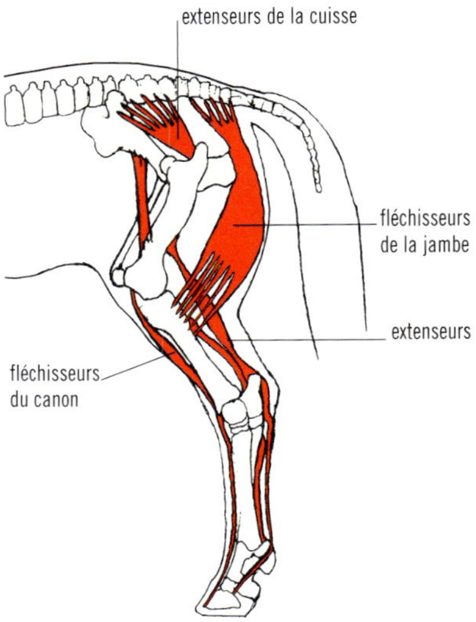

La tête

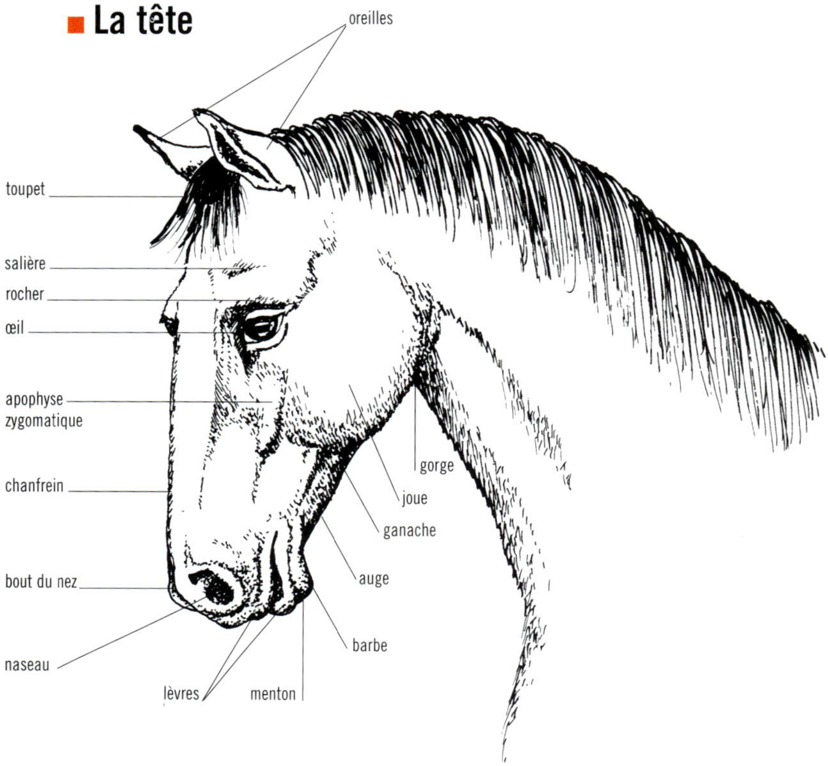

Les dents

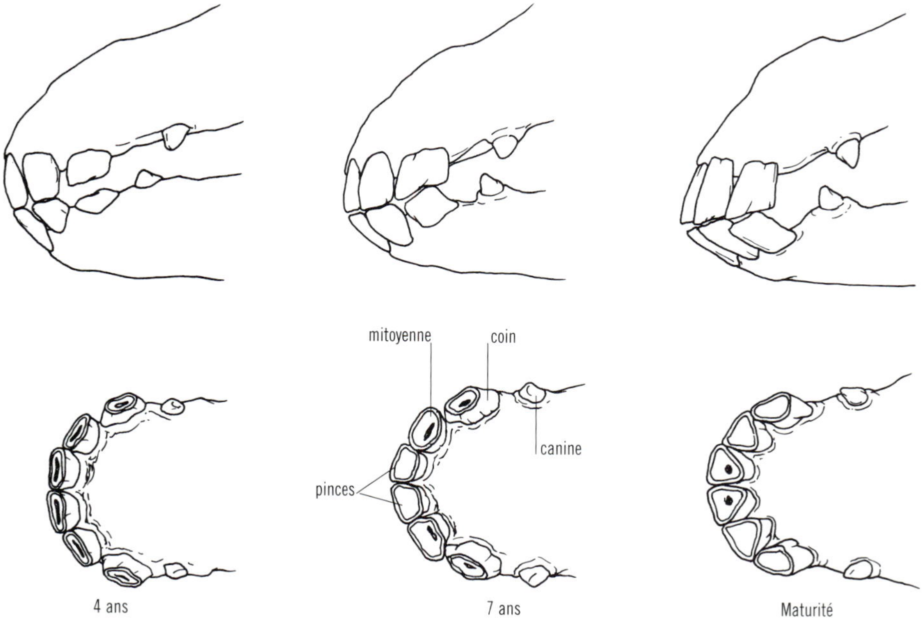

Les crochets (canines) ne sont présents que chez les mâles !

Les aplombs

Comme tout animal, le cheval doit avoir la meilleure conformation possible pour être en parfait état et rester aussi adapté que possible aux activités qui lui sauvent la vie dans la nature (course) ou qui lui sont demandées par l'homme (saut, haute école, etc.).

Une des caractéristiques importantes de chaque cheval est la conformation de ses membres, en particulier leur position par rapport au sol : ce sont les aplombs. Un cheval correctement construit a des aplombs bien perpendiculaires au sol et à la masse, afin de profiter pleinement de toute l'énergie disponible en se fatiguant le moins possible. Les membres antérieurs doivent en principe être parfaitement rectilignes, verticaux et parallèles l'un par rapport à l'autre. Les postérieurs doivent être bien angulés au niveau du jarret, les canons restant parfaitement perpendiculaires au sol et parallèles entre eux. Un cheval campé ou sous lui, aux articulations trop ou trop peu angulées se fatiguera plus rapidement, risquera des blessures et ses tendons souffriront rapidement en cas d'effort.

Les aplombs idéaux des membres sont verticaux afin de bien supporter la masse du cheval sans fatigue excessive.

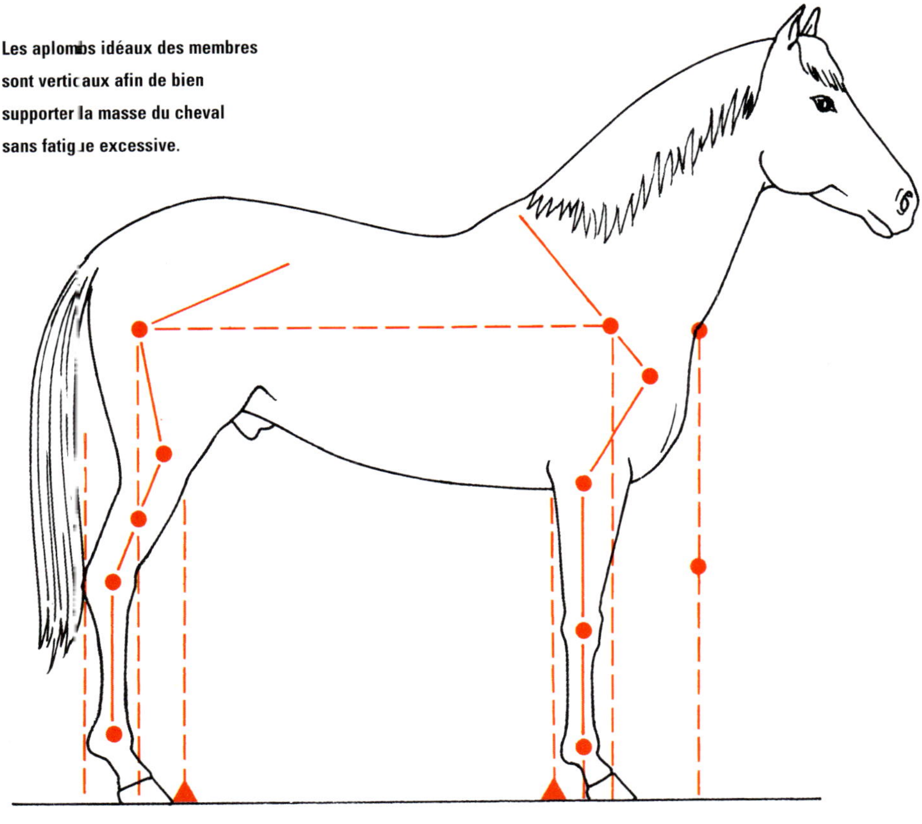

Aplombs antérieurs

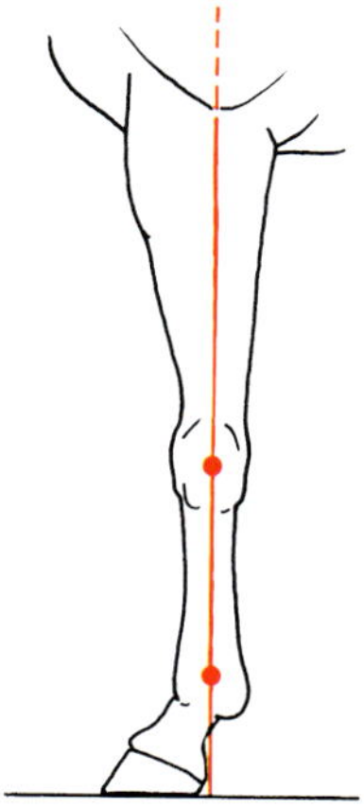

Correct

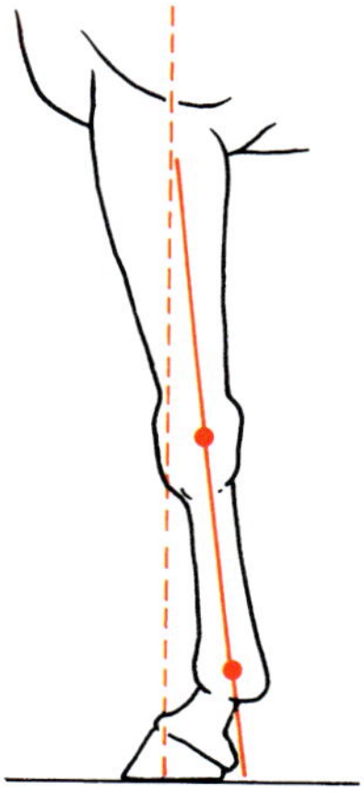

Sous lui du devant

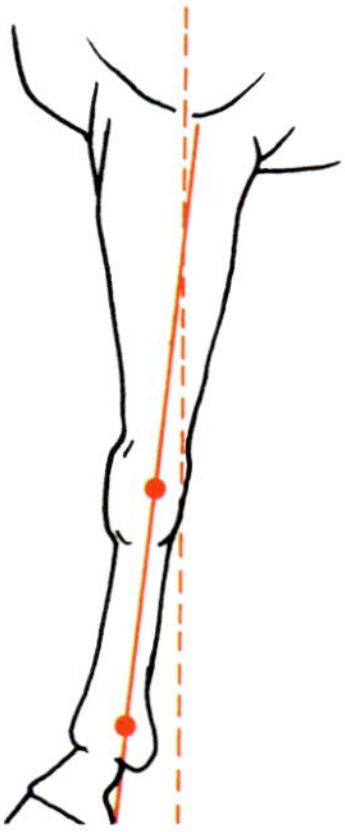

Campé du devant

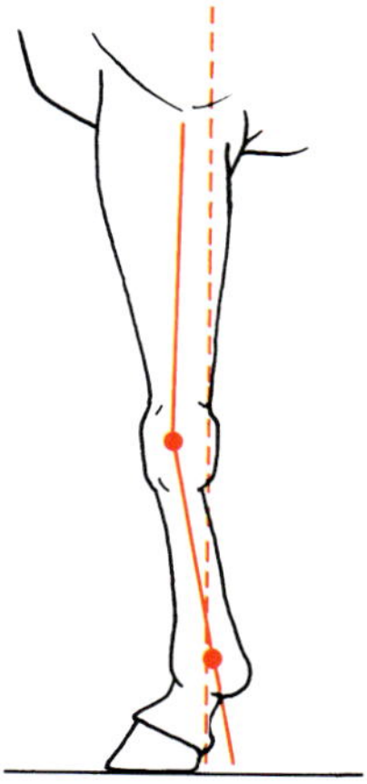

Brassicourt

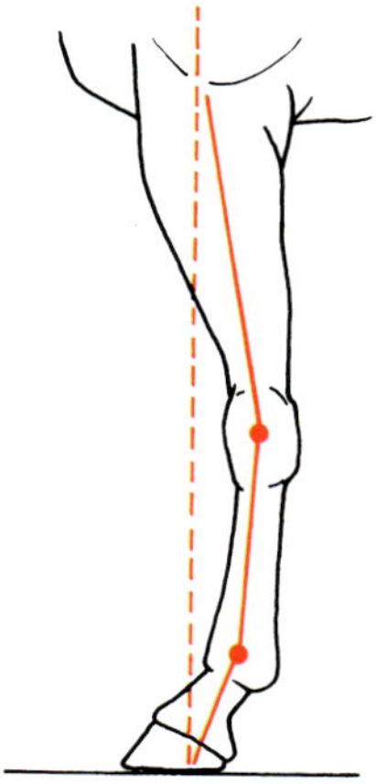

Genou de mouton - genou creux

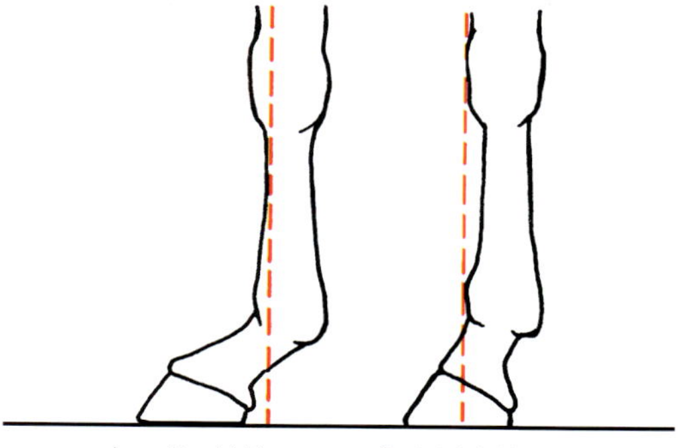

Long et bas jointé

Court et droit jointé

Aplombs antérieurs vus de face

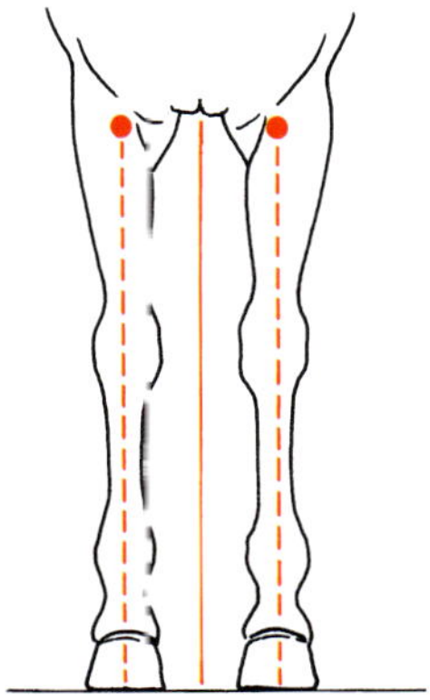
Corrects

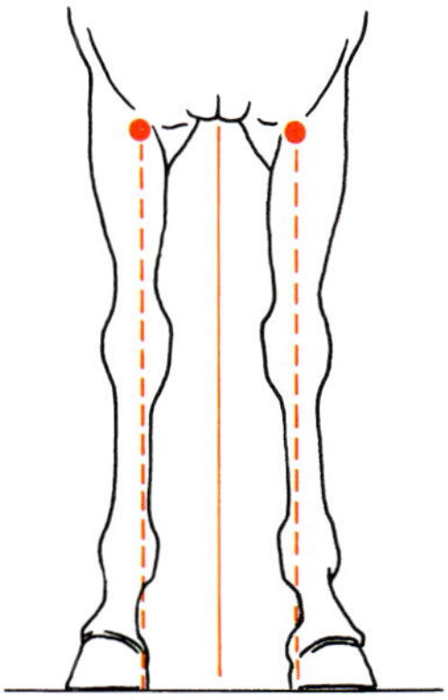
Ouverts devant

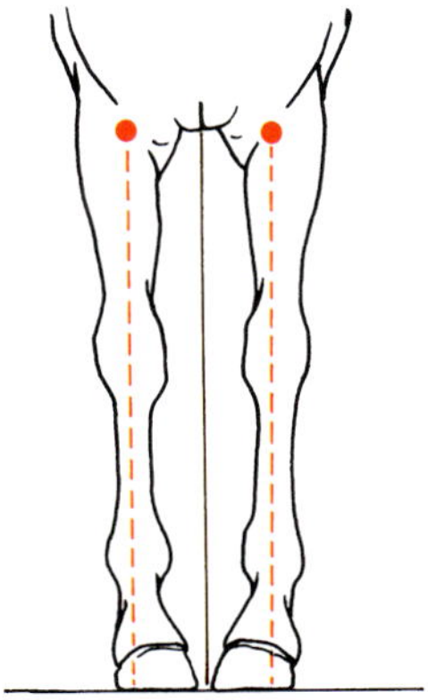
Genoux cagneux

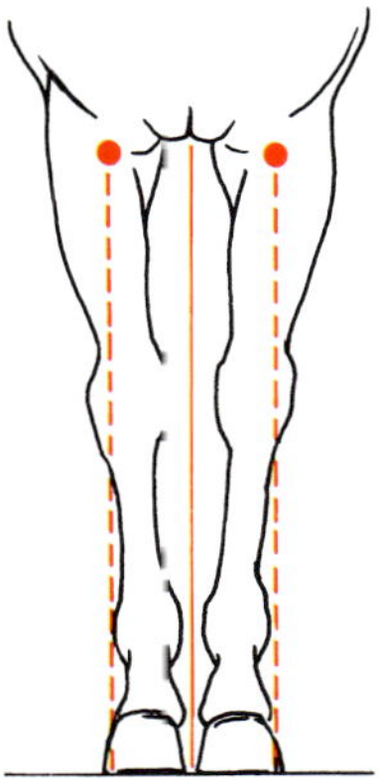
Serrés du devant

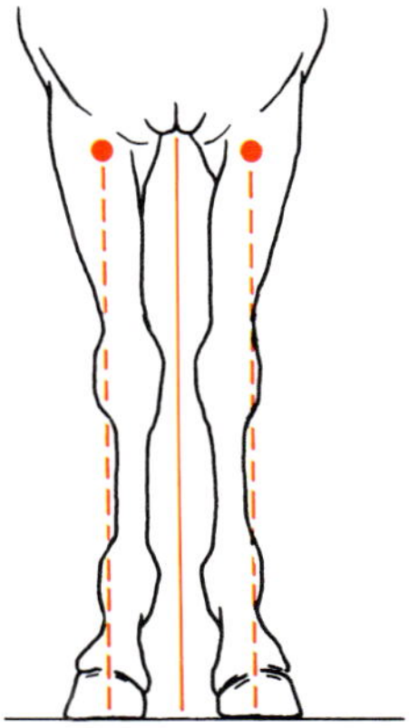
Panard

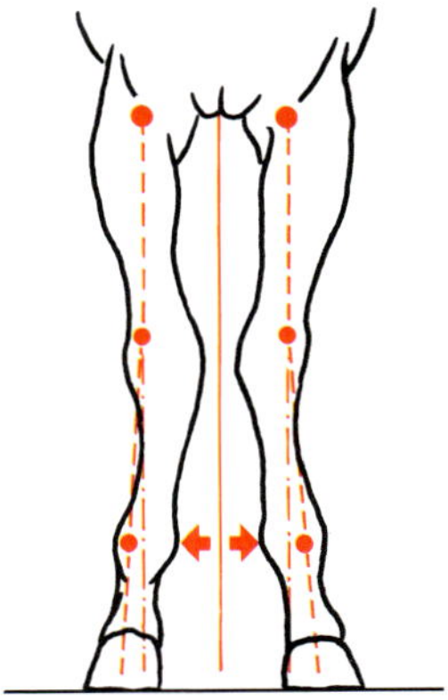
Genoux de bœuf

Aplombs postérieurs

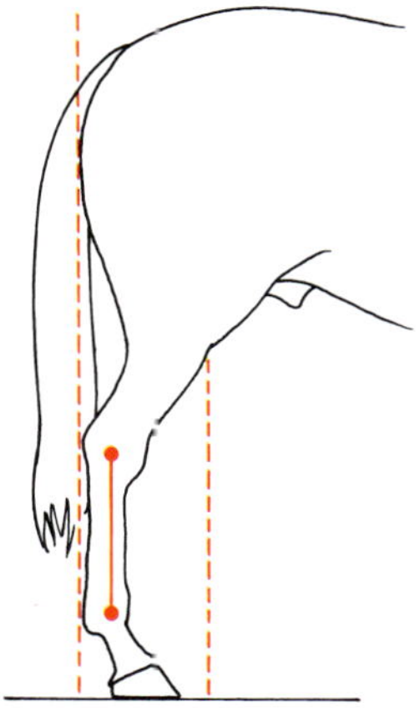
Correct

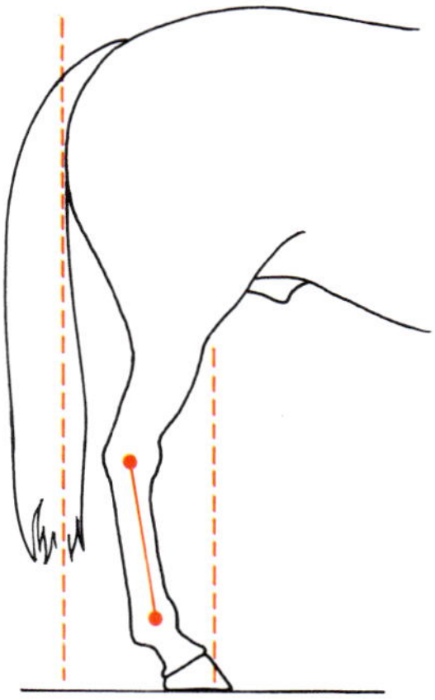
Sous lui du derrière

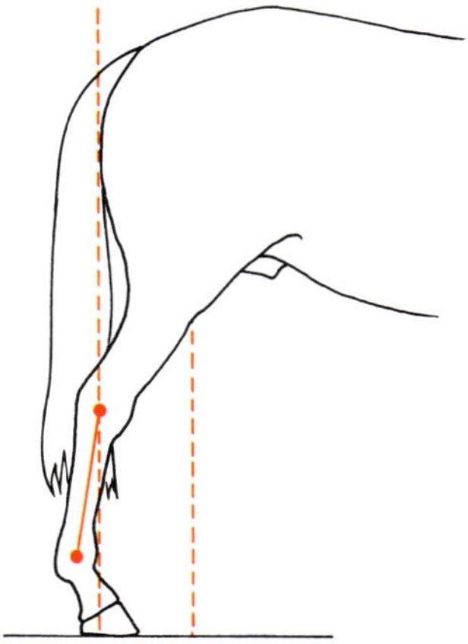
Campé du derrière

Un peu d'éthologie

Comprendre le comportement du cheval

Pour comprendre les besoins du cheval domestique, il faut connaître ceux de ses cousins sauvages. En effet, si les chevaux actuels semblent a priori assez éloignés de leurs ancêtres sauvages, leur vie aux côtés de l'homme n'a pas changé leurs caractères fondamentaux et ils restent avant tout des animaux sensibles et craintifs.

Un animal grégaire

Le cheval est un animal grégaire, ce qui signifie qu'il vit en groupes organisés et recherche la compagnie de ses semblables.

Les troupeaux de chevaux sauvages sont habituellement organisés autour d'un seul étalon, et comportent un nombre variable de juments et de jeunes de zéro à trois ans.

Certains chevaux, comme les mérens, vivent encore en troupeaux semi-libres.

Le cheval communique principalement par des gestes et des attitudes.

L'étalon décide des déplacements du troupeau en cas de danger, ainsi que de sa protection contre des bandes rivales. Il n'est pourtant pas à proprement parler le « chef » de son harem, généralement mené par la jument dominante. Le groupe est régi par une solide hiérarchie linéaire, qui permet d'éviter la plupart des affrontements, chaque individu connaissant et acceptant sa position au sein du troupeau.

Un langage corporel développé

Les attitudes et expressions ont une importance fondamentale pour la communication chez le cheval. Certes, sa face semble peu mobile, mais elle n'en est pas moins expressive, de même que le reste de son corps. La position des oreilles est notamment un excellent indicateur de l'humeur d'un cheval. Des oreilles pointées vers l'avant dénotent par exemple l'attention, des oreilles très mobiles l'inquiétude, tandis que des oreilles plaquées contre l'encolure indiquent une menace, voire l'agressivité.

Ce langage corporel est très important chez le cheval : en cas de conflit, les menaces suffisent généralement à arrêter les hostilités, le plus faible acceptant la dominance du plus fort. Si le conflit se poursuit, les meilleures armes du cheval sont ses sabots et ses dents. Les combats entre chevaux sont pourtant rarement invalidant et exceptionnellement mortels. Ils laissent une part importante à l'intimidation visuelle et sonore, jusqu'à l'abandon et la fuite d'un des protagonistes. Le « bluff » est un art bien connu des chevaux et les affrontements les plus impressionnants visuellement, souvent accompagnés de cris perçants, ne laissent bien souvent que peu de séquelles.

Animal-proie, le cheval a un fort instinct de fuite et des sens aiguisés. Son ouïe et son odorat sont particulièrement développés. Il possède, en outre, un champ de vision extrêmement large, lui permettant de voir ce qui se passe presque derrière lui sans tourner la tête. Ses seuls angles morts sont situés immédiatement devant et derrière lui, ce qui explique qu'on ne doive jamais aborder un cheval sans le prévenir et qu'on l'approche habituellement par le côté.

Le champ de vision du cheval est très étendu. Ses seuls « angles morts » se situent juste devant son nez et juste derrière lui.

En présence d'un danger potentiel, les chevaux choisissent la fuite plutôt que la confrontation.

En cas de danger : la fuite ou la défense

Au moindre signe d'alerte, le troupeau fuit ventre à terre, parfois avant même d'être certain du danger. Bien qu'il préfère la fuite à l'affrontement direct, le cheval possède des armes redoutables pour tenter d'assurer sa survie si nécessaire. Dans la nature, il peut parfois lui arriver de faire face à un prédateur qui l'a pris par surprise, en particulier s'il s'agit d'une jument protégeant son poulain. Sa défense principale consiste alors en des coups de pieds violents donnés avec les postérieurs. Les antérieurs servent aussi, pour frapper par devant ou écraser l'agresseur en lui retombant dessus. Dans certains cas, on a même vu des chevaux soulever un prédateur avec leurs dents pour le projeter au sol avec force.

La reproduction

L'instinct de reproduction est fort chez le cheval, comme chez les autres animaux : c'est lui qui assure la survie de l'espèce, priorité numéro un dans la nature. L'étalon a pour rôle de féconder les juments de son « harem », propageant ainsi ses gènes. Il n'a pour cela qu'un laps de temps limité. Trop jeune, il n'est pas en mesure de former son propre troupeau ni de conquérir celui d'un autre. Avec l'âge, sa force diminue et il finit par perdre ses juments, au profit d'un plus jeune et plus fort que lui, qui a ainsi à son tour l'opportunité de procréer.

L'étalon est parfois difficile dans le choix de ses juments et il ne saillit que celles qui lui conviennent. Il peut ainsi refuser de couvrir des juments qu'il trouve trop jeunes ou qui tout simplement ne lui plaisent pas ! En règle générale, il y a assez peu de consanguinité dans les populations équines. Les accouplements entre frère et sœur, père et fille ou fils et mère sont rares, les jeunes quittant généralement le troupeau dès qu'ils ont atteint leur maturité sexuelle.

Le repos

Si le cheval a la capacité de dormir debout, il lui faut cependant se coucher quelques heures par jour.

Animal-proie, le cheval ne dort profondément qu'à de brèves et rares occasions dans la journée. On distingue en fait plusieurs phases de repos, allant de la détente au sommeil profond. L'animal reste souvent debout, les yeux ouverts ou mi-clos. Son attitude générale est détendue et il a un membre au repos. Cette position lui permet de soulager ses membres tour à tour, ces derniers ayant un poids considérable à porter par rapport à leur taille.

Toujours en station debout, les articulations bloquées, le cheval peut également dormir. Il porte son encolure en dessous de l'horizontale, tête basse. Ses yeux sont clos, ses oreilles relâchées, ses naseaux détendus et allongés. Sa lèvre inférieure pend légèrement. C'est la première phase du sommeil et également la moins dangereuse : en cas de d'urgence, l'animal se réveille et peut fuir instantanément sans perdre de temps à se relever. Il lui faut pourtant s'étendre pour dormir plus profondément. Couché « en vache », les membres repliés sous la masse, la tête basse, le nez appuyé au sol, il lui arrive de rêver, poussant de petits grognements étouffés et bougeant dans son sommeil. Plus rarement, on peut observer le cheval couché sur le flanc, les membres allongés au sol. C'est le stade le plus profond du sommeil et le cheval n'y accède que lorsqu'il se sent parfaitement en sécurité. Un cheval adulte qui reste longtemps dans cette position est souvent un cheval malade. Par contre, les poulains dorment très souvent ainsi.

Les poulains passent plus de temps à dormir que les chevaux adultes.

Homme-cheval, une relation quotidienne à entretenir

Nous l'avons vu, la compréhension de l'univers naturel du cheval permet de mieux appréhender les besoins du cheval domestique. Cela est vrai en ce qui concerne le travail (équitation ou autre), mais aussi et surtout la vie de tous les jours et les relations homme-cheval.

Apprendre à penser cheval

Au travail ou en main, les sens aiguisés de cet animal-proie lui font percevoir des choses que son cavalier ou soigneur peuvent ignorer. Inutile, donc, de le punir s'il fait un écart ou s'il fait demi-tour dans une situation inattendue : c'est pour lui une réaction normale face à un danger potentiel et seule la patience de son cavalier et sa confiance en lui parviendront à lui faire vaincre sa peur. Frapper un cheval qui a peur, c'est augmenter encore sa détresse et risquer des réactions de plus en plus violentes. Il est bien plus constructif de le rassurer en lui parlant et de lui montrer par l'exemple qu'il n'y a pas de danger. Pour bien communiquer, il est indispensable de « penser cheval ».

Passer beaucoup de temps en sa compagnie, le côtoyer à pied et non seulement au travail, telles sont les conditions pour espérer arriver à une véritable symbiose.

Les soins quotidiens, des moments à privilégier

Les soins quotidiens sont loin de ne représenter que des corvées fastidieuses. Ils permettent au cavalier de se rapprocher de sa monture et de s'en faire un véritable ami. Dans la nature, seuls les chevaux qui s'apprécient se pansent les uns les autres. Ils utilisent leurs dents pour se gratter mutuellement le garrot et l'encolure, ou se placent tête-bêche afin de se chasser les mouches avec leur queue. Passer du

Le grattage mutuel est un signe d'amitié entre deux chevaux.

L'importance du jeu

Les poulains passent beaucoup de leur temps à jouer.

C'est notamment grâce au jeu que les jeunes chevaux apprennent les règles de la vie en groupe et l'attitude à avoir en cas d'affrontement. Les poulains jouent beaucoup pendant leur première année et continuent à jouer jusqu'à l'âge adulte. Les pouliches affectionnent plutôt les courses poursuites agrémentées de ruades et de bonds en tous genres, tandis que les jeunes mâles préfèrent les simulacres de combats. Au pré ou à l'état sauvage, les adultes qui vivent en troupeau ont droit, eux aussi, à leurs « quarts d'heure de folie ».

Le jeu : un défouloir très équilibrant

Le cheval est un animal grégaire, nous l'avons vu. Il n'empêche qu'un cheval domestique saura se défouler tout seul s'il est lâché au paddock ou s'il a des jouets à sa disposition. Coups de cul, sauts de moutons et autres bonds de gaieté lui permettront de retrouver sa bonne humeur en se défoulant avant ou après le travail. Décontracté, détendu, débarrassé de son stress, il sera alors prêt à affronter une séance de travail ou à rentrer au box se reposer.

Les jouets

S'il est habituel de donner des jouets à un chien, le cheval, lui, en est bien souvent privé. Il a pourtant autant besoin d'activité et de distractions qu'un canidé. De plus en plus de cavaliers l'ont heureusement compris et l'on trouve dans le commerce quelques jouets spécialement étudiés pour les équidés. Il existe par exemple de gros ballons munis de poignées ou de grosses pommes en plastique que l'on peut suspendre dans le box. À l'écurie, au paddock ou au pré, ils permettent au cheval de se distraire en s'amusant plutôt qu'en prenant de mauvaises habitudes qui, une fois bien ancrées, seront extrêmement difficiles à faire passer.

Les « démarrages canon » et autres séances de rodéo permettent au cheval de se défouler et de garder la forme.

temps à panser et à soigner son cheval, c'est donc se faire accepter par lui, lui montrer que l'on est digne de confiance et qu'il peut se sentir en sécurité en compagnie de son soigneur et cavalier. C'est utile dans les moments difficiles : s'il a peur, il acceptera plus volontiers de faire un effort pour celui en qui il a une confiance quasi aveugle, que pour un inconnu qu'il ne côtoie que pour de brèves séances de travail.

Bref, s'occuper de son cheval ne signifie pas seulement lui offrir une vie plus confortable. C'est aussi un moyen de s'en faire un allié et d'améliorer la communication avec lui, afin de parvenir à lui faire donner le meilleur de lui-même.

Le pansage est un moment privilégié entre le cavalier et son cheval.

Adapter son environnement à son mode de vie

Les véritables besoins du cheval sont très souvent mis de côté pour des raisons pratiques, économiques et sportives. Heureusement, de plus en plus de propriétaires ont à cœur le bien-être de leur animal et ont pris conscience de ses caractères fondamentaux.

Il a été prouvé que de nombreux troubles du comportement (tics, agressivité, rétivité…) sont liés à une inadéquation du mode de vie et de travail de l'animal par rapport à ses besoins. Il est donc non seulement cruel, mais aussi illogique, de ne pas fournir à son cheval un hébergement et des soins adaptés.

■ L'équilibre psychologique est à rechercher

Un cheval enfermé vingt-trois heures sur vingt-quatre dans un box exigu, sans compagnie, ne recevant qu'une grosse ration et une heure de travail intensif par jour, a un mode de vie qui va complètement à l'encontre de sa nature profonde.

✓ *Le cheval a besoin de compagnie*

Le très fort instinct grégaire du cheval en fait un animal qu'il est difficile d'élever tout seul. La compagnie de ses semblables est pour lui une attirance constante, et se retrouver loin d'eux peut provoquer une véritable détresse. La vie isolée en box ou en paddock et le travail individuel vont totalement contre la nature de l'animal, qui

Grégaire par nature, le cheval a besoin de la compagnie de ses semblables.

L'hébergement en box ne respecte pas les besoins fondamentaux du cheval.

ne les accepte de bonne grâce que si on lui procure des compensations importantes : compagnie d'un autre animal (âne, chèvre, chien…), confiance absolue en son cavalier, etc. L'habitude a aussi une part importante dans l'acceptation de la solitude. Plus il est habitué à travailler seul, moins cette situation procure d'angoisse au cheval, surtout s'il apprend qu'il retourne vers ses congénères une fois le travail achevé. Un cheval vivant et travaillant continuellement en groupe, en particulier s'il fréquente toujours les mêmes chevaux, retrouve une situation proche de ce qu'il aurait dans la nature et devient en quelque sorte membre d'un troupeau. On comprend mieux pourquoi certains chevaux de club ont beaucoup de mal à se séparer des autres et refusent, parfois violemment, de partir travailler seuls. Le cavalier se doit de tenir compte de cet état de fait et d'habituer progressivement sa monture à ce type d'exercice. Son meilleur atout : se rapprocher de son cheval afin que celui-ci apprenne à le considérer comme son allié et à lui faire entièrement confiance. Une fois cette complicité gagnée, grâce notamment à un contact fréquent hors du cadre du travail, l'animal suivra son « mentor » jusqu'au bout du monde.

✓ *Respecter et se faire respecter*

Le soigneur comme le cavalier doivent en outre apprendre à décrypter les expressions et attitudes de leurs chevaux pour savoir comment y réagir. Se laisser impressionner par une tentative d'intimidation mène bien vite à un cercle vicieux, le cheval sachant très bien à qui il a affaire et ce qu'il peut ou non se permettre. Sans jamais être brutal, il faut donc apprendre à se faire respecter de ce massif animal, afin qu'il ne se sente pas en droit de riposter violemment à une sollicitation quelconque.

Pour cela, le travail à pied est au moins aussi important que le travail monté. Depuis l'abord, à l'écurie ou au pré, jusqu'au montoir, chaque étape de la relation homme-cheval a son importance. Un cheval qui tourne la croupe vers la personne qui pénètre dans son box doit être traité avec fermeté (une voix ferme suffit généralement à lui montrer que sa menace n'a pas eu l'effet escompté). De même, s'il bouscule celui qui le mène, lui marche sur les pieds ou bouge constamment lors du pansage, il montre un manque de respect qui ne saurait être toléré. Les gestes ont leur importance, le langage corporel étant très bien compris et utilisé par le cheval : un simple mouvement du bras suffit bien souvent à le remettre à sa place s'il est un peu trop brutal et désinvolte.

L'emploi du temps du cheval sauvage et domestique

L'emploi du temps du cheval sauvage est relativement simple et peu mouvementé. Il passe la grande majorité de sa journée à brouter, se déplaçant lentement d'une zone de pâturage à une autre, avec les autres membres de son groupe.

Dans la nature, les chevaux passent le plus clair de leur temps à manger.

Manger : une occupation à plein temps

Son système digestif est adapté à un régime principalement herbivore, mais le cheval n'est pas un ruminant. Compte tenu de sa taille, il lui faut donc manger de façon quasi continue pour ingérer la quantité de nourriture indispensable à sa survie dans de bonnes conditions. C'est tout le contraire des habitudes alimentaires d'un carnivore comme le chien, qui peut n'attraper qu'une proie de temps en temps et ingurgiter de grosses quantités de nourriture à la fois.

Un cheval en liberté passe environ 80 % de ses jours et 60 % de ses nuits à manger. C'est donc, de loin, l'activité à laquelle il consacre le plus de temps. Et pour cause… D'abord, son système digestif et son petit estomac ne lui permettent pas d'ingurgiter de grandes quantités de nourriture à la fois. Ensuite, l'herbe est sa nourriture principale. Il suffit de comparer la taille d'un brin d'herbe (qui contient 80 % d'eau et est très peu nourrissant) avec celle d'un cheval, pour comprendre que ce dernier a besoin d'une très grande quantité d'herbe pour subvenir à ses besoins. C'est ainsi que chevaux et poneys sauvages doivent brouter presque toute la journée pour survivre.

Les déplacements du troupeau se font à allure modérée, le trot et le galop étant exclusivement réservés à la fuite et aux jeux. Bien que les chevaux sauvages ne défendent pas vraiment un territoire donné, ils n'apprécient pas la proximité de bandes rivales et évitent leur contact. Ils se déplacent au cours de la journée entre différentes zones de vie, pâturages, points d'eau, zones d'ombre et de repos, etc.

Dormir, mais que d'un œil

Sa position de proie ne fait pas du cheval un gros dormeur. Il ne passe que quelques heures par jour à somnoler, plus ou moins profondément. La position couchée le rendant vulnérable par rapport aux prédateurs, il ne l'adopte qu'assez peu, les membres d'un même groupe se reposant à tour de rôle pendant que les autres montent la garde.

Le cheval de club : un animal très sollicité

Si le cheval sauvage passe la plupart de son temps à manger, il n'en est pas de même pour le cheval de club. Son activité principale, ce sont les reprises. C'est un peu le monde à l'envers. De plus, alors qu'en liberté le cheval passe le plus clair de son temps immobile ou à faible allure, quand on le monte, on lui demande souvent de trotter, galoper, sauter, autant d'activités qu'il ne pratique que très rarement (voire exceptionnellement) dans son milieu naturel.

Le cheval de club suit un emploi du temps très différent de celui d'un cheval libre.

✓ *La patience : une règle d'or*

Patience et discernement sont indispensables pour faire un bon homme de cheval. Le fait que ce gros animal soit avant tout un herbivore et une proie ne saurait être ignoré quand on partage sa vie. L'acuité de ses sens et sa rapidité de réaction sont deux clefs de sa survie à l'état sauvage. Le cheval domestique conserve un très fort instinct de fuite et une grande sensibilité aux stimuli visuels, auditifs ou olfactifs. L'attache est par exemple une épreuve difficile : dans l'impossibilité de fuir, le cheval peut paniquer et « tirer au renard » violemment. Là encore, seule la patience et la confiance sauront venir à bout de ce très puissant instinct.

Comprendre et respecter son cheval sont deux qualités essentielles au bon homme de cheval.

Hébergement et nourriture adaptés

Le mode de vie du cheval doit également prendre en compte ses besoins naturels : compagnie, espace, mode d'alimentation, ne doivent donc pas être décidés au hasard. Pour un cheval domestique, le mode d'hébergement idéal est celui qui se rapproche le plus de son habitat naturel : c'est le pré, en compagnie de ses semblables. La stabulation libre (sorte de grand box hébergeant plusieurs animaux) est toutefois un bon compromis entre le pré et l'écurie pour les chevaux destinés à travailler souvent.

Côté alimentation, s'il ne peut pas brouter l'herbe d'un pré à longueur de journée comme il le ferait à l'état naturel, le cheval devra bénéficier d'un apport important de fourrage (foin et paille), ainsi que d'une ration fractionnée en plusieurs petits repas. Son système digestif et son équilibre mental dépendent de ce type de considérations, trop souvent ignorées.

Le fourrage représente la partie la plus importante du régime d'un équidé.

Cette ignorance fait du cheval domestique un animal souvent perturbé, ce qui cause tics et vices divers.

L'ennui, source de bien des déséquilibres

Du foin à volonté peut aider ce cheval à tromper son ennui.

Il est indispensable de prendre en compte ses besoins naturels pour mieux comprendre ses réactions. Pour être heureux, le cheval ne doit pas s'ennuyer, ce qui est forcément le cas s'il passe vingt-trois heures sur vingt-quatre dans un box exigu et ne reçoit qu'une ration par jour, avalée en quelques minutes. Lui donner des jouets d'écurie et du foin à volonté, ainsi que des rations fractionnées, l'aide à tromper son ennui. Il doit aussi se sentir libre de se défouler quand il en ressent le besoin. Il est préférable de le laisser au pré aussi souvent que possible et de lui offrir des séances de détente au paddock tous les jours s'il vit en box. Le cheval a besoin du contact de ses semblables : c'est donc la vie au pré qui lui convient le mieux, éventuellement la stabulation libre. Faute de congénères, la compagnie d'un autre animal peut l'aider à ne pas se sentir trop seul. Les visites fréquentes de son soigneur, avec lequel il passera des moments privilégiés, lui permettront de se rapprocher de lui et de se sentir entouré et en sécurité. Enfin, le travail ne doit pas être pour lui une corvée. Il vaut mieux le lui présenter d'une manière ludique, en ne passant pas trop de temps sur un même exercice et en alternant séances de travail, jeux et promenades. Plusieurs séances brèves au contenu varié sont préférables à une seule, traînant en longueur.

C'est en groupe que les chevaux s'épanouissent le mieux.

Si la compagnie de ses semblables lui est indispensable, le cheval sait aussi apprécier les visites de son cavalier.

L'alimentation du cheval

Le mode d'alimentation naturel

Dans la nature, les chevaux sauvages passent le plus clair de leur temps à manger. Herbivores, ils parcourent parfois de grandes distances pour trouver suffisamment d'herbe et de plantes pour nourrir le troupeau toute l'année, et pour trouver des points d'eau accessibles.

L'estomac du cheval est petit et il ne peut contenir en une seule fois les aliments nécessaires à une journée. C'est pourquoi la règle d'or de l'alimentation équine consiste à donner de petites quantités de nourriture réparties dans la journée. C'est le mode d'alimentation le plus naturel pour les chevaux et les poneys, contrairement aux carnivores comme le chien ou le chat, qui se contentent facilement d'un gros repas par jour.

En plus de ce petit estomac, les équidés possèdent un système digestif tout à fait adapté à ce type d'alimentation. L'intestin est très long et permet aux

Les repas peuvent être l'occasion pour le propriétaire de se rapprocher de son cheval.

Le cheval sait tirer parti de la moindre touffe d'herbe pour la transformer en énergie.

aliments de circuler lentement et de rester longtemps disponibles. La digestion est donc très lente, au même titre que l'ingestion elle-même.

Ce mode d'alimentation permet au cheval de profiter au mieux d'une nourriture pauvre. En effet, l'herbe est très peu nourrissante et contient principalement de l'eau et de la cellulose. Le volume ingéré en une seule fois est minime, et le « repas » est étalé sur toute la journée. En conséquence, l'estomac n'est jamais plein. Il fonctionne d'ailleurs parfaitement lorsqu'il est rempli aux deux tiers. L'animal est ainsi tout à fait à même de faire un exercice violent (comme fuir un prédateur ou mettre en chasse un rival), sans risque pour sa santé.

Nourrir le cheval domestique

Nous l'avons vu, l'alimentation est l'activité qui prend le plus de temps au cheval sauvage : en clair, il mange toute la journée ! Qu'en est-il du cheval domestique ? Souvent enfermé au box vingt-trois heures sur vingt-quatre, il ne reçoit au mieux que deux ou trois rations par jour, qu'il consomme en quelques minutes. Une litière de paille, du foin à volonté et un bloc de sel à lécher représentent alors bien plus que du « lest » et des compléments alimentaires : ils aident le cheval à passer le temps sans prendre de mauvaises habitudes et lui permettent un mode d'alimentation proche du naturel.

Les aliments concentrés doivent être distribués avec parcimonie.

Même au pré, lorsque le cheval fournit un travail plus ou moins intensif, sa consommation d'herbe devient insuffisante pour assurer l'ensemble de ses besoins énergétiques. L'homme lui apporte alors en complément des aliments dits « concentrés », plus riches et plus nourrissants que le fourrage. Si, de plus, l'animal est hébergé dans une écurie, il lui faut recevoir quasiment à volonté un apport de foin de bonne qualité, qui remplacera l'herbe fraîche à laquelle il n'a pas accès. En effet, si les aliments concentrés (grain, granulés ou floconnés) permettent de fournir au cheval de l'énergie en grande quantité, ils doivent être uniquement considérés comme des compléments de l'alimentation de base,

Le foin représente plus de 50 % de la ration du cheval domestique.

c'est-à-dire du fourrage, indispensable au bon fonctionnement du système digestif du cheval. En pratique, le rapport fourrage/concentrés ne descend jamais en dessous de 30 % / 70 % pour un cheval de compétition de très haut niveau (voir l'encadré sur l'évaluation des besoins).

Du traditionnel à l'industriel

Aujourd'hui, si le fourrage est toujours composé d'herbe, de foin et de paille, les concentrés ont, eux, beaucoup évolué. Autrefois composés de grain (orge, avoine, maïs), l'arrivée d'aliments complets sous forme de granulés ou de floconnés a révolutionné les pratiques traditionnelles. Leur variété importante fait qu'ils sont adaptés à pratiquement tous les cas de figures, ce qui rend le déséquilibre d'une ration de moins en moins pardonnable. L'alimentation traditionnelle, composée de foin et de céréales, perd aujourd'hui du terrain au profit d'aliments industriels « pointus ». En effet, si l'alimentation équine industrielle n'a pas encore atteint l'importance de son équivalent canin, elle n'en est plus très loin et l'on trouve des produits adaptés à tous les types de chevaux, à tous les âges, selon le travail fourni, le mode d'hébergement, le tempérament et le métabolisme de chaque animal. Quels que soient les besoins de votre cheval, ils sont forcément couverts par un aliment complet d'une marque ou d'une autre, la marge d'erreur étant ainsi de plus en plus réduite. Plus étonnant, certains aliments considérés depuis des années comme bénéfiques sont aujourd'hui délaissés alors que d'autres, boudés auparavant, font leur apparition.

Friandises et récompenses

Si le cheval est naturellement herbivore, cela ne veut pas dire qu'il ne s'est pas adapté à d'autres types d'aliments. Outre le grain, pain, sucre, « succulents » et autres biscuits pour chevaux sont couramment utilisés comme récompenses ou complément. Devenu gourmand, le cheval réagit très bien au dressage par la nourriture et sera, par exemple, beaucoup plus facile à attraper au pré s'il a l'habitude de recevoir une friandise quand on va le chercher. Le revers de la médaille, c'est que trop ou mal utilisées, les friandises peuvent être néfastes pour la santé et donner de mauvaises habitudes.

Évaluer ses besoins

Le calcul de la ration est difficile à faire par un novice et demande la prise en compte de nombreux éléments. Les indications qui suivent ne représentent que des exemples.

Cheval au repos
Fourrage : 70 à 100 % ; Concentrés : 0 à 30 %
On choisira de préférence un aliment peu énergétique adapté au repos ou au travail léger. Éviter l'avoine.

Chevaux d'élevage (jument pleine, étalon, jeunes...)
Fourrage : 50 à 100 % ; Concentrés : 0 à 50 %
Aliment non chauffant. Le volume d'aliment concentré dépend de la qualité et de la quantité de fourrage disponible, ainsi que du métabolisme particulier de chaque animal. Il existe des aliments complets spécialement formulés pour les chevaux d'élevage.

Travail léger (une promenade quotidienne ou exercice à allure lente)
Fourrage : 60 à 70 % ; Concentrés : 30 à 40 %
Éviter l'avoine et les autres excitants. Un aliment complet de type « club » convient à ce genre de cas.

Travail moyen (travail régulier aux trois allures une à deux heures par jour)
Fourrage : 50 à 60 % ; Concentrés : 40 à 50 %
Opter pour un aliment complet « club » ou un mélange orge-avoine par exemple.

Travail soutenu (compétition : obstacle,...)
Fourrage : 40 à 50 % ; Concentrés : 50 à 60 %
L'aliment concentré représente un apport important. Choisir un mélange complet spécialement adapté à un travail soutenu.

Travail intense (compétition de haut niveau : endurance, courses, CCE...)
Fourrage : 30 à 40 % ; Concentrés : 60 à 70 %
Pour un travail intense, on peut arriver à un volume d'aliment complet concentré ou de grain (avoine, orge, maïs) nettement supérieur au volume de fourrage. Choisir un aliment spécialement adapté à la compétition sportive.

Véritable « enfant gâté », le cheval risque alors de se mettre à réclamer ce qu'il considère comme un « dû » et non plus comme une récompense. Résultat, il fouillera dans les poches, bousculera et mordra quiconque s'approche de lui ! Il faut donc éviter d'abuser des friandises, une caresse étant souvent tout aussi appréciée.

L'importance d'une alimentation diversifiée

Si l'on souhaite élaborer soi-même la ration de son cheval, ou tout simplement si l'on veut choisir le produit complet le plus adapté à son cas, il est important de connaître la nature des éléments à incorporer au mélange ainsi que leur utilité. Le mieux étant l'ennemi du bien, il faut faire attention à ne pas surdoser. Dans le doute, il vaut mieux prendre contact avec un nutritionniste ou un vétérinaire. Il existe également plusieurs ouvrages spécialisés qui peuvent aider à y voir plus clair.

En pratique, le cheval a habituellement besoin d'éléments des familles suivantes : les fibres, les protéines, les sucres, les graisses, les vitamines, les minéraux, les probiotiques et les acides gras. La plupart de ces familles comportent divers éléments ayant chacun leur importance et leur utilité à des doses données. Certains sont stockés par l'organisme, d'autres doivent impérativement être présents chaque jour dans l'alimentation, d'autres encore ne sont utiles qu'à certaines périodes de la vie de l'animal. Les aliments courants contiennent une partie de ces éléments et doivent être complétés afin de correspondre au mieux aux besoins de chaque animal.

Les aliments courants

Le fourrage

Il forme la plus grosse partie de l'alimentation du cheval. Composé d'herbe fraîche, de foin (herbe séchée), éventuellement de paille (tiges de céréales séchées), il est indispensable à un bon transit intestinal et c'est lui qui apporte la majorité des fibres dont le cheval a besoin. La qualité du fourrage est importante : une herbe pauvre fournira un foin pauvre. Du foin trop jeune (moins de six mois), trop vieux, ou qui a pris l'humidité ne doit pas être donné aux chevaux. L'ensilage, couramment donné aux bovins, ne convient pas à l'alimentation des équidés.

Le foin est composé d'herbe séchée.

Le grain et les aliments « concentrés »

Ils représentent une source importante d'hydrates de carbone et ont l'avantage d'apporter beaucoup d'énergie dans un petit volume d'aliment. Ils sont utiles aux chevaux qui travaillent ou qui ont du mal à rester en bonne condition physique (vieux chevaux par exemple). Le grain peut être donné tel quel, aplati (pour faciliter la digestion), trempé, germé ou encore cuit. On utilise couramment l'orge, l'avoine (très énergétique mais aussi excitant pour le cheval), parfois le maïs. Le blé, par contre, doit être évité car il peut être dangereux. On peut toutefois ajouter du son de blé à la ration, bien que celui-ci n'ait qu'une faible valeur nutritionnelle.

Selon leur composition, les aliments concentrés sont plus ou moins énergétiques.

La pulpe de betterave séchée en granulés peut apporter de l'énergie tout en rendant la ration plus appétente. Les granulés de betterave doivent toutefois tremper 12 à 24 heures dans 4 à 5 fois leur volume d'eau avant d'être intégrés à la ration. En effet, ils gonflent beaucoup et risquent de provoquer des coliques s'ils sont donnés secs.

Les « succulents »

Ce sont les fruits et légumes appréciés par le cheval. Les plus couramment distribués sont les pommes, les carottes et les betteraves fourragères. Ils contiennent surtout du sucre et de l'eau, ainsi que des vitamines et des fibres, et sont souvent donnés comme friandise ; mais ils peuvent également faire partie intégrante de la ration.

Les aliments complets

Les aliments complets sont souvent présentés sous forme de granulés.

Il en existe de deux formes : les granulés et les floconnés. Ces derniers sont plus récents mais apportent les mêmes éléments que les granulés.

Les aliments complets permettent de simplifier considérablement le travail du soigneur : ils comportent tout ce dont le cheval a besoin (sauf le fourrage !) et évitent des calculs de rations compliqués. De plus, leur variété fait que l'on peut facilement trouver le type d'aliment qui convient à chaque cas particulier.

Équilibrer une ration traditionnelle

Quand on choisit d'opter pour une alimentation à base de foin et de grain, il est important de se soucier des besoins du cheval, quitte à avoir recours à une complémentation industrielle.

Les repas doivent être adaptés à chaque cas particulier.

Des effets inattendus

Cela semble une évidence: l'alimentation doit être adaptée aux besoins du cheval. Ces besoins sont déterminés par le travail fourni et le mode de vie de l'animal, mais aussi par sa taille, son poids, sa morphologie et son type de métabolisme. Les poneys, par exemple, se contentent souvent de très peu d'aliments par rapport à un cheval de sang fournissant le même travail. L'alimentation n'influe pas uniquement sur le physique du cheval, mais également sur son comportement. C'est ainsi que beaucoup de chevaux très « chauds » le seraient beaucoup moins si on leur donnait une alimentation moins riche en aliments « concentrés » (en particulier l'avoine), alors que d'autres, trop « mous » gagneraient au contraire à bénéficier de rations plus énergétiques. À ce sujet, il est important de s'assurer qu'au pré ou en stabulation, chaque cheval puisse consommer la totalité de sa ration. Les groupes d'équidés sont soumis à une certaine hiérarchie, et sans surveillance, les plus faibles se voient bien souvent voler leur « picotin ».

L'alimentation influence les performances et le tempérament du cheval.

Les fibres

Elles forment une partie très importante du régime d'un herbivore comme le cheval. Les chevaux hébergés au box sur une litière non comestible doivent impérativement consommer du foin en grosse quantité ou un complément de fibres industriel: foin haché, haylage, etc.

Le foin haché, mélassé ou non, est également un complément appréciable dans le cas de chevaux gloutons: mélangé à la ration, il force le gourmand à mâcher et limite les risques de coliques et d'occlusions.

Les graisses

Les graisses représentent une source d'énergie très concentrée et stockable par l'animal. La ration moyenne d'un cheval comporte environ 4 % de matières grasses… contre plus de 50 % pour beaucoup de menus humains ! Les apports en huile ou en graisse sont très précieux pour les chevaux d'endurance, par exemple. À titre d'exemple, 30 cl d'huile représentent l'équivalent énergétique d'1 kg d'avoine !

En outre, les huiles et graisses sont bénéfiques pour la peau et le poil. On utilise fréquemment de l'huile de foie de morue, réputée pour son apport en vitamine D. L'huile de lin (présente également dans les graines de lin ajoutées aux mashes) facilite la digestion et améliore l'état de la robe.

Les sucres

Il est rarement nécessaire de complémenter en sucres lents : ceux-ci forment en effet l'essentiel d'une ration traditionnelle à base de céréales. Les sucres rapides, généralement distribués sous forme de miel, de mélasse ou de « succulents » (pommes, carottes, betteraves…) permettent de soutenir un effort violent. Ils servent également de récompense (morceau de sucre) ou à améliorer le goût d'un aliment ou la prise d'un médicament (mélasse, miel…).

Les vitamines

Elles se séparent en deux groupes. Celles qui sont solubles dans l'eau (hydrosolubles) et que le cheval ne peut pas stocker – elles doivent donc lui être apportées quotidiennement – et celles qui se dissolvent dans les graisses (liposolubles) et qui y sont conservées quelque temps avant d'avoir besoin d'être remplacées.

✓ *Vitamines hydrosolubles*

Vitamine C (acide ascorbique), vitamines du groupe B, vitamine PP (niacine ou acide nicotinique), acide pantothénique, acide folique, biotine, choline.

✓ *Vitamines liposolubles*

Vitamine A, vitamine D, vitamine E (tocophérol), vitamine K.

Les minéraux

On distingue les macro-éléments, dont les besoins sont exprimés en grammes, des oligo-éléments, exprimés en milligrammes. Les macro-éléments sont les sels (sodium), le calcium, le phosphore (chez le cheval, le rapport phospho-calcique idéal est de 1/1.6 à 1/2), le magnésium, le soufre et le potassium. Les principaux oligo-éléments, dont les besoins chez le cheval sont assez mal connus, sont le cuivre, le zinc, le manganèse, le fer, le sélénium, l'iode et le cobalt.

Les probiotiques, les enzymes et les levures

Ils aident le cheval à profiter au maximum de ses aliments en améliorant sa digestion. Suite à une maladie ou à un traitement antibiotique, par exemple, ils peuvent permettre le renouvellement de la flore intestinale. La levure de bière et le yaourt sont ainsi des compléments appréciés, ainsi que la montmorillonite qui limite les risques de diarrhées.

Les végétaux présents dans un pré ne couvrent pas nécessairement l'ensemble des besoins.

Des compléments industriels à la phytothérapie...

Les herbes sont utilisées depuis des siècles pour soigner diverses affections chez l'homme et les animaux (voir plus loin). Le cheval, comme tous les herbivores, dispose normalement dans la nature d'un large éventail de végétaux qu'il choisit avec soin selon ses besoins afin de se constituer un régime complet et équilibré. Le cheval

domestique n'a pas cette possibilité : au mieux, il dispose d'une pâture dont la diversité des végétaux est assez limitée, au pire il est au box et n'a pas accès à une prairie, dépendant alors entièrement des aliments fournis par l'homme (fourrage et concentrés). Il est de plus en plus facile de se procurer des herbes à mélanger à la ration de son cheval, et certains fabricants d'aliments complets (britanniques notamment) n'hésitent pas à incorporer certaines d'entre elles dans leurs produits. Chacune a une ou plusieurs utilités bien spécifiques et l'on trouve des mélanges destinés à couvrir des besoins bien particuliers, de la fourbure à l'hyper-excitabilité, en passant par les problèmes respiratoires ou cutanés.

Une autre possibilité consiste à prendre en compte les effets bénéfiques de certaines herbes et à les incorporer à la composition de la prairie lors du semis. Cette méthode a cependant deux inconvénients : elle ne convient que si les chevaux sont au pré constamment ou une grande partie du temps, et il n'y a aucune garantie qu'ils choisiront de consommer les herbes sélectionnées plutôt que d'autres…

Les compléments alimentaires

Un cheval nourri toute l'année avec un aliment complet de bonne qualité adapté à son cas particulier (sportif, âgé, en croissance, au repos, etc.) peut tout à fait se passer de compléments minéraux et vitaminés. Les compléments représentent toutefois un marché important, en particulier à la mauvaise saison. Dans beaucoup de cas, en effet, une complémentation peut être utile pour pallier à un problème donné : carence, sabots friables, hyper-excitabilité, affection respiratoire, fourbure… Il est aujourd'hui possible de cibler une grande quantité de petits ou gros soucis en agissant sur la nourriture. Attention, il ne s'agit pas de se substituer au vétérinaire ! L'alimentation n'entre qu'en partie dans l'apparition et le contrôle des problèmes de santé du cheval ; elle ne remplace ni les médicaments, ni l'attention du spécialiste.

Outre les problèmes précis rencontrés ici et là, il peut bien sûr être utile de complémenter régulièrement ou ponctuellement (cures) l'alimentation en herbe d'un cheval, nourri de façon traditionnelle ou ayant à fournir un travail particulièrement éprouvant. Cette complémentation peut prendre la forme d'un seul additif complet ajouté à la ration, ou d'un mélange d'éléments dosés individuellement. La première solution est bien souvent la plus sûre, chaque fabricant ayant sa « recette » de complément comprenant généralement vitamines, minéraux et acides gras essentiels.

Quel que soit le type de complément choisi, il est important de respecter les doses recommandées par le fabricant et de ne pas combiner plusieurs additifs sans vérifier qu'ils sont bien compatibles entre eux. L'excès est souvent aussi nocif qu'une carence, même quand il s'agit de produits naturels comme les herbes.

Les juments gestantes et les poulains ont des besoins plus spécifiques.

Alimentation et mauvaises habitudes

Un cheval qui ronge le bois souffre peut-être de carences.

Une mauvaise alimentation peut entraîner des troubles graves, mais aussi nombre de comportements indésirables. Les chevaux ont souvent tendance à grignoter le bois occasionnellement, mais un cheval qui ronge constamment son box doit être surveillé. Outre les dégâts matériels évidents, il risque de s'abîmer les dents, voire de se blesser avec une écharde. Les causes sont variables et il est possible qu'un complément alimentaire aide à résoudre le problème. Dans la plupart des cas, toutefois, c'est un trouble causé par l'ennui, et qui peut être supprimé si l'on propose au cheval d'autres choses à « grignoter ».

De même, la coprophagie (cheval qui mange du crottin) n'est probablement pas uniquement un signe de déficience en minéraux et nutriments, même si des observations ont montré que cette « mauvaise habitude » existait chez les chevaux sauvages.

Enfin, il faut noter qu'en raison de son mode d'alimentation naturel, le cheval a tendance à avaler tout ce qu'il peut, quelle que soit la nourriture qu'on lui propose. C'est pourquoi il est indispensable de garder les réserves d'aliments à l'abri d'une éventuelle visite : un cheval échappé ne doit pas y avoir accès sous peine de coliques graves ou de fourbure !

Le cheval ne sait pas se modérer : il peut manger jusqu'à se rendre malade.

Des herbes qui font du bien

Bien qu'il existe assez peu d'études scientifiques sérieuses sur la phytothérapie, les vertus des plantes sont reconnues par un grand nombre de personnes. Voici un aperçu des vertus qu'on leur confère…

Agrimoine : Vasoconstricteur, cicatrisant, anti-inflammatoire.

Ail : Circulation sanguine, respiration, digestion, fertilité, lutte contre les parasites internes et externes, contre la fourbure.

Algues : Riches en vitamines et minéraux. Luttent contre la fatigue, améliorent la production de lait, la pousse de la corne, l'état de la robe et la digestion.

Arnica : Raideurs articulaires, douleurs et blessures (usage externe).

Aubépine : Astringent, diurétique et laxatif, lutte contre la fourbure. Haute teneur en vitamine C et en biotine.

Bardane : Problèmes cardiaques et respiratoires, teigne.

Camomille : Sédatif, anti-douleurs, antiseptique.

Chicorée : Digestion, appétit, problèmes hépatiques, tonique.

Fenouil : Expectorant, diurétique et antispasmodique.

Fénugrec : Calmant des voies respiratoires, remise en état.

Framboisier : Aide à la gestation et à la mise bas, fertilité.

Gui : Calmant, anti-hémorragique.

Lavande : Antiseptique, antispasmodique.

Lierre : Contre les abcès et ulcères, la toux. Aide à l'expulsion du placenta.

Luzerne : Riche en calcium et en azote, bénéfique pour les reins.

Marguerite : Problèmes cutanés : infections, inflammations et contusions.

Marron d'Inde : Affections respiratoires et allergies.

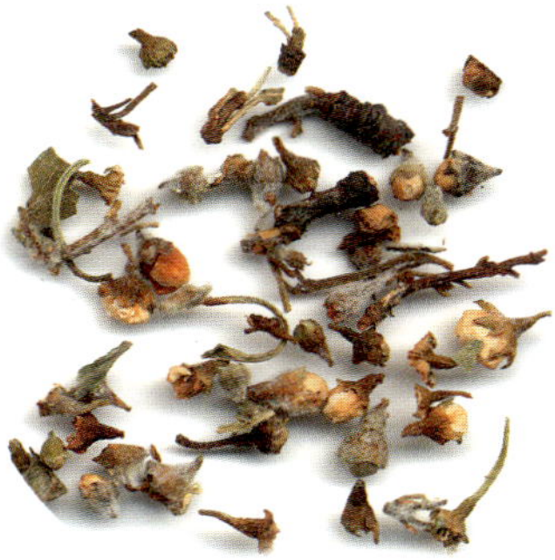

Aubépine.

Menthe : Affections respiratoires, perte d'appétit, aérophagie.

Ortie : Appétit, gain de poids, tonique cardiaque et circulatoire, lutte contre les parasites et la fourbure, problèmes pulmonaires, rhumatismes.

Persil : Diurétique, aide à la digestion, lutte contre les rhumatismes.

Pissenlit : Diurétique, légèrement laxatif, tonique.

Plantain : Soins oculaires, traitement des ulcères et des problèmes cutanés, lutte contre les diarrhées.

Réglisse : Problèmes respiratoires.

Sureau : Lutte contre les insectes. Problèmes digestifs et respiratoires, inflammations de l'utérus.

Thym : Antiseptique, anti-inflammatoire, astringent, affections respiratoires.

Trèfle blanc : Problèmes sanguins et cutanés, antiseptique.

Trèfle rouge : Sédatif, adoucit la gorge, améliore l'état du poil.

Valériane : Sédatif, antidépresseur.

Vinaigre de cidre : problèmes de peau, sanguins, osseux, digestifs ou articulaires.

Cette liste est bien sûr loin d'être exhaustive !

Arnica.

Bardane.

Framboisier.

Lavande.

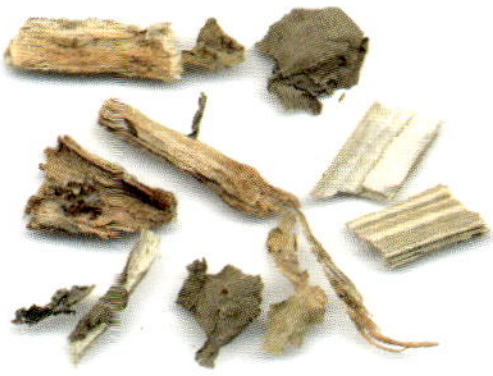

Chicorée.

Ortie.

Fenouil.

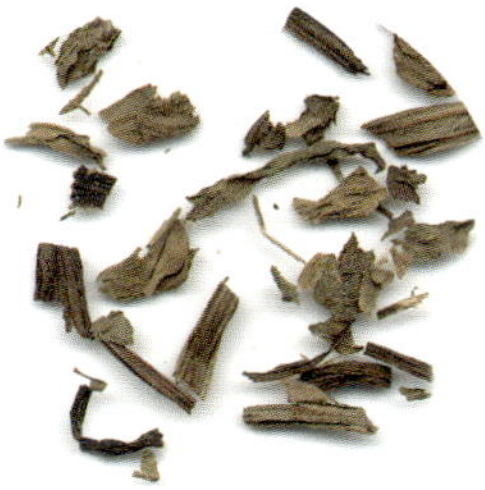

Plantain.

Lierre.

Sureau.

Thym.

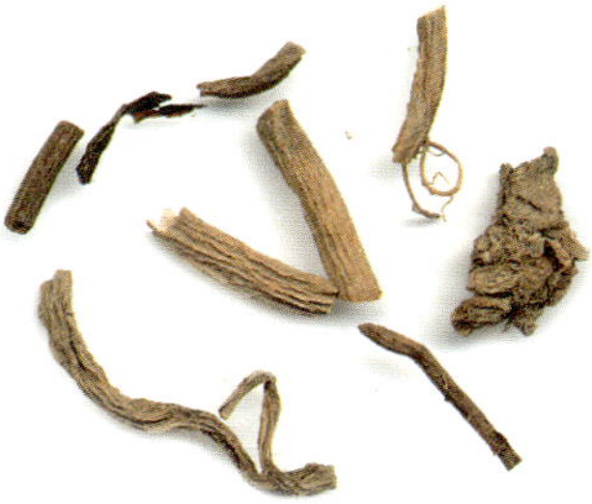

Valériane.

Les soins courants

Que l'on soit propriétaire ou simple cavalier de club, il faut savoir s'occuper de son cheval entre les périodes de travail. Loin d'être une corvée inutile, le pansage et l'entretien courant permettent au cavalier et à sa monture de se rapprocher en partageant des instants privilégiés.

L'utilité du pansage

Le pansage « naturel »

Le cheval a besoin d'un minimum d'hygiène pour se sentir bien dans sa peau. Ses ennemis principaux ne sont pas les microbes, mais plutôt les insectes, les parasites externes (poux et tiques) et internes (vers), contre lesquels il ne peut pas faire grand-chose. Il tente ainsi de son mieux de repousser les premiers et s'accommode généralement des seconds.

Jamais brossé et encore moins douché, il conserve dans son pelage toutes les huiles nécessaires à sa bonne isolation thermique et à son imperméabilité. Ses crins épais et longs le protègent des intempéries et lui permettent de chasser les insectes. Son poil est implanté de façon à éliminer rapidement l'humidité en dirigeant le ruissellement de l'eau vers l'extérieur et vers le sol. En hiver, en plus de son long poil isolant, sa lèvre supérieure se pare parfois d'une véritable moustache, qui lui permet de manger sans se piquer sur les seules plantes non recouvertes par la neige, souvent des épineux comme le houx ou le genêt.

Les poneys et chevaux qui vivent dehors toute l'année ne doivent pas être pansés trop souvent.

Se rouler dans la poussière est une des activités favorites du cheval.

Les roulades

Le cheval se roule souvent dans la poussière l'été, et dans la boue l'hiver, pour parfaire encore l'isolation de son poil et lutter contre les insectes piqueurs. En effet, contrairement à ce que l'on est parfois tenté de penser, se rouler ne sert pas seulement au cheval à faire tourner en bourrique son soigneur après une heure d'un pansage méticuleux ! Il peut ainsi gratter des zones qu'il n'atteint que difficilement autrement, sa souplesse étant limitée par rapport à celle d'un chien ou d'un chat. Se rouler lui permet aussi de se sécher s'il est trempé de sueur (ou après avoir été douché), et de se débarrasser des poils morts et de certains parasites. C'est également un moyen pour lui de se détendre après une séance de travail… ou après être resté sagement immobile pendant un long pansage !

Bien que n'étant pas extrêmement souple, le cheval parvient toujours à se gratter là où ça le démange. Il se roule, se frotte contre les arbres ou les clôtures (les barbelés ne lui font pas peur !), ou utilise ses dents et ses sabots pour atteindre les zones délicates. Il montre alors une dextérité étonnante pour un animal de sa taille, se grattant délicatement derrière l'oreille du bout d'un sabot expert ou arrachant le poil mort de son dos avec ses incisives.

Certes, un cheval qui se gratte beaucoup peut avoir une raison précise de le faire (présence de parasites ou d'une maladie de peau par exemple), mais tous les chevaux se grattouillent un peu de temps en temps. Cela leur permet d'éliminer les peaux mortes, les poils morts (notamment en période de mue), d'éventuelles petites croûtes, etc.

Le grattage mutuel

En liberté, le grattage est l'une des activités favorites des équidés. Comme nous l'avons vu plus haut, ils se grattent tout seuls avec les dents ou un sabot, en se frottant contre un arbre ou en se roulant dans la poussière… mais ils utilisent aussi les services de leurs voisins pour se gratter des zones difficiles d'accès. Les chevaux et poneys apprécient beaucoup ces séances de pansage mutuel, chacun grattant l'encolure et le garrot de l'autre selon un rituel bien particulier.

Des lèvres en guise de doigts

Les chevaux se servent souvent de leur lèvre supérieure pour identifier des objets inconnus ou sentir un relief. Très sensible et mobile, elle s'étend comme une sorte de doigt pour explorer les aspérités d'un objet, repérer une petite croûte ou un parasite sur le garrot du voisin… ou localiser le dernier granulé qui reste dans la mangeoire !

Les lèvres et les incisives du cheval lui servent en quelque sorte de doigts et d'ongles.

Deux chevaux s'approchent face à face et se mettent le nez à hauteur du garrot l'un de l'autre. Le cheval qui initie le grattage commence par frotter le garrot ou l'encolure du voisin avec sa lèvre supérieure étendue. En général, l'autre cheval répond aux sollicitations du premier et tous deux se mettent vite à se « panser » mutuellement à grand renfort de coups de dents énergiques. Il s'agit pour eux de se gratter, bien sûr, mais pas seulement : c'est aussi une façon de se montrer qu'on s'apprécie et de se détendre.

Seuls des individus de rang proche et qui s'entendent bien acceptent de se gratter mutuellement. Si un cheval de rang inférieur prend parfois l'initiative de « panser » l'un de ses supérieurs hiérarchiques, c'est en général ce dernier qui met fin à la séance quand bon lui semble. Parfois, ce qui commence comme une séance amicale dégénère et le pauvre subordonné se retrouve éconduit avec morsures et cris d'indignation !

Le pansage mutuel est également un moyen pour l'étalon de faire sa cour à une jument : il lui gratte d'abord doucement l'encolure avec ses dents. Selon les réactions de la belle, il décide ensuite de continuer son approche ou de remettre « le grand jeu » à plus tard.

Quand le cavalier panse son cheval, il peut arriver que ce dernier se mette à frotter l'épaule de son soigneur du bout de sa lèvre. Cela signifie qu'il considère qu'on est en train de lui proposer une séance de grattage mutuel : on lui frotte le dos, il accepte de rendre la pareille, c'est le principe de l'entraide. Si cette attention peut paraître flat-

Le grattage mutuel permet aux animaux d'atteindre des zones difficiles d'accès.

teuse (c'est après tout le signe que l'animal cheval accepte l'homme comme un allié), il vaut tout de même mieux faire attention. Les « grattouilles » amicales entre chevaux sont parfois très enthousiastes. Un cheval a la peau plus dure que celle de l'homme, et les coups de dents qu'il donne pour gratter peuvent parfois faire mal. Mieux vaut donc décourager gentiment ce comportement.

Autre mode d'entraide : la lutte contre les insectes. Deux chevaux se placent tête-bêche, la tête de l'un au niveau de l'arrière-main de l'autre. Les mouvements de queue de chacun chassent ainsi les mouches et les taons de la tête du voisin.

Les instruments de pansage

On panse l'animal avant et après le travail, pour le nettoyer, vérifier son état général, mais aussi pour renforcer ses liens avec le cavalier. En effet, comme nous l'avons vu plus haut, le pansage a un rôle social non négligeable. Si la plupart des centres équestres disposent de matériel de pansage à la disposition de leurs adhérents, l'achat d'un kit de pansage est bien souvent l'une des premières dépenses du débutant. C'est généralement lui qui s'occupe de brosser son cheval et de lui curer les pieds avant et après chaque reprise, et il se lasse vite de devoir chercher partout du matériel souvent en mauvais état.

L'idéal pour débuter est d'opter pour l'achat d'un ensemble complet, vendu dans un petit sac ou dans une boîte rigide, et que l'on complétera au fil du temps. Du premier kit de pansage du débutant à la malle du groom professionnel, les outils nécessaires aux soins quotidiens du cheval ont chacun un rôle bien précis.

On trouve dans le commerce des kits de pansage complets.

Le matériel de base

Le matériel de base se compose d'une étrille, d'un bouchon, d'une brosse douce, d'une ou deux éponges, d'un cure-pied et d'un peigne. Il existe différentes tailles, matières et formes pour la plupart de ces outils, dont voici l'utilité :

✓ *L'étrille*

Ovale, ronde ou carrée, en métal, en plastique ou en caoutchouc, elle sert à décoller la saleté et s'utilise uniquement sur les parties charnues (encolure, croupe, etc.). Les modèles ovales se frottent en tournant, tandis que ceux qui possèdent un manche s'utilisent en mouvements rectilignes.

✓ *Le bouchon*

C'est une brosse à poils longs et durs, en chiendent ou en nylon. Il sert à éliminer la boue sèche et la sueur, éventuellement à démêler les crins.

✓ *La brosse douce*

En soies naturelles ou en synthétique, elle possède des poils plus courts et souples. Elle permet d'éliminer les derniers poils morts et la poussière, en faisant briller la robe.

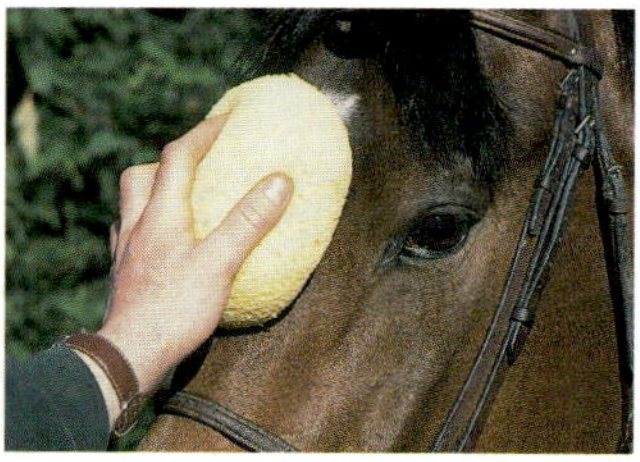

✓ *L'éponge humide*

Elle s'utilise pour nettoyer le tour des yeux, des naseaux, de l'anus et des parties génitales.

✓ *Le cure-pied*

Il sert à retirer le fumier, la boue et les cailloux qui ont pu se coincer sous les sabots. Il peut comporter une petite brosse destinée à nettoyer à fond le pied (avant d'appliquer un onguent par exemple).

✓ *Le peigne, en métal ou en plastique*

Il sert uniquement à démêler une crinière peu fournie. La queue et les crinières « tous crins » se font à la brosse.

Les outils complémentaires

D'autres outils peuvent venir compléter ce kit initial :

✓ *L'étrille finlandaise*

Sorte de brosse à picots en plastique, elle sert principalement à démêler les crins.

✓ *L'étrille américaine*

Formée de plusieurs cercles de métal crantés réunis par un manche, elle fait des miracles quand il s'agit de décoller la boue sur un poil épais.

✓ *La brosse magique*

C'est un bouchon à poils très longs et souples, qui élimine rapidement la poussière et fait briller la robe.

✓ *L'époussette*

Chiffon doux, elle sert à ôter la poussière sur un poil court (poil d'été ou tondu) et à le lustrer.

✓ *Le bloc de pansage (type pierre ponce)*

Il sert à éliminer taches de fumier et œufs de mouches.

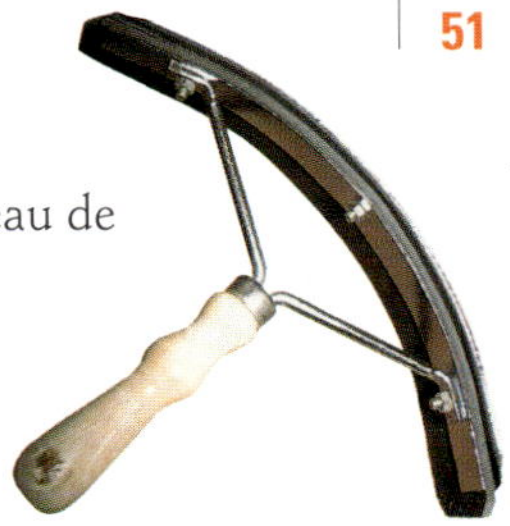

✓ *Le couteau de chaleur*

Sorte de longue lame courbe, il permet d'éliminer la sueur ou l'eau de la robe du cheval.

✓ *La brosse à sabots*

Elle sert à décoller les traces de boue et de fumier des pieds du cheval après le curage.

✓ *Le pinceau à onguent*

Il permet d'appliquer les produits de soin sur les sabots.

✓ *Les ciseaux de pansage*

Ils servent à raccourcir la queue (jamais la crinière qui s'égalise au peigne) et à dégager un passage de têtière en coupant à ras les crins situés derrière les oreilles du cheval.

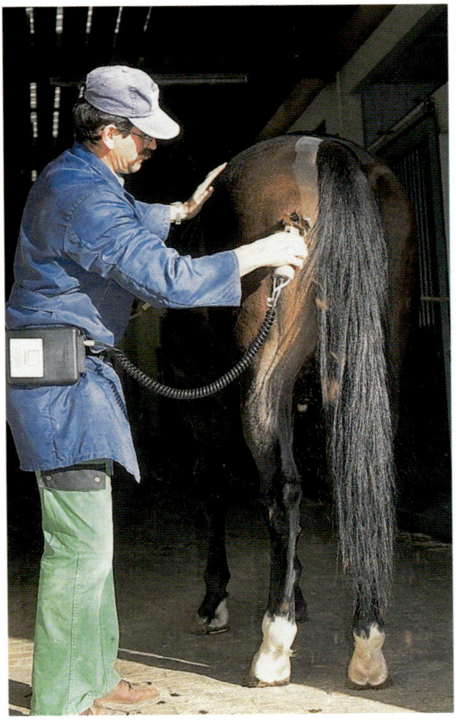

✓ *Le peigne à natter*

Muni de trois longues dents, il sert à séparer les mèches de la crinière lorsqu'on la tresse pour un concours.

✓ *La tondeuse*

Elle sert à éliminer les poils disgracieux et, bien sûr, à tondre l'animal l'hiver.

Les produits adaptés au pansage

✓ *Les onguents et le goudron*

On les utilise pour l'entretien courant des pieds (voir chapitre sur les membres, pages 60 à 75). On emploie parfois une sorte de laque pour la présentation en concours.

✓ *Les shampoings*

Il existe de nombreux types de shampoings adaptés à la peau du cheval, notamment des soins spécifiques : insectifuge, antipelliculaire, spécial robes claires, etc.

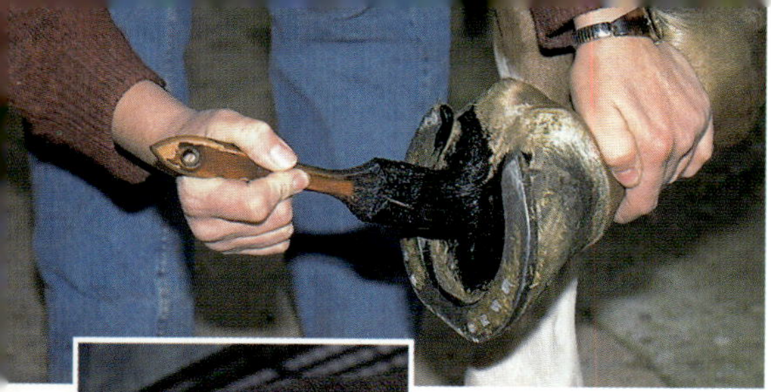

✓ *Le détachant*
Un détachant à sec ou en spray peut venir à bout des taches rebelles sur les chevaux clairs.

✓ *Le lustrant*
Il fera briller la robe avant une sortie en concours.

✓ *Le démêlant*
Il permettra de bien brosser les crins sans les arracher et en leur donnant un aspect soyeux.

✓ *L'huile d'amande douce*
Elle fera ressortir la peau sombre autour des yeux et des naseaux avant une présentation.

Panser le cheval au pré

Un cheval hébergé au pré en permanence ou pendant la majeure partie du temps ne se panse pas comme un cheval élevé à l'écurie. Comme un cheval sauvage, il aura besoin de conserver ses défenses naturelles (poil, crin, sébum,etc.) afin de résister aux insectes et aux intempéries. Si l'été demande certaines précautions, c'est l'hiver que la différence sera la plus importante entre les deux types d'hébergements. En effet, alors qu'on aura tendance à conserver son aspect impeccable au cheval de box en le tondant et en le toilettant, l'animal qui vit au pré ne devra bénéficier que d'un entretien minimum.

■ Une priorité : préserver les défenses naturelles

Nous l'avons vu, son poil épais, implanté de façon à repousser l'humidité, le protège du froid et du vent. Il permet une bonne isolation thermique grâce à son

Un cheval au pré ne se soigne pas de la même façon qu'au box.

La douche

Doucher son cheval sert à le rafraîchir par temps chaud, à le laver avant un concours ou à appliquer un produit de soin. On ne douche un cheval que par beau temps et à l'abri des courants d'air, afin d'éviter les coups de froid.

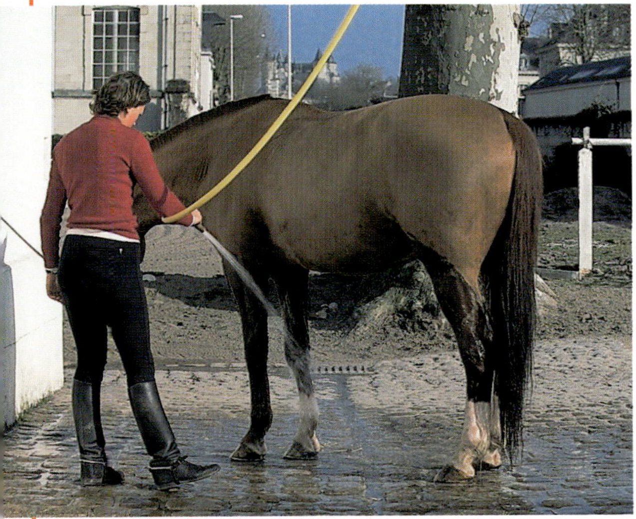

On ne doit doucher un cheval que par beau temps.

L'idéal est de pouvoir avoir accès à de l'eau tiède, mais beaucoup de chevaux ne peuvent être douchés qu'à l'eau froide.
On commence par mouiller entièrement l'animal, en faisant bien attention à ne pas faire entrer d'eau dans ses oreilles. On répartit le shampoing sur l'ensemble de la robe, à la main ou à l'aide d'une éponge, puis on frotte pour éliminer la saleté. Dans certains cas, il peut être nécessaire de renouveler l'opération après un premier rinçage. Les crins de la queue et de la crinière sont lavés séparément, l'application d'un démêlant étant possible pour faciliter le brossage. Pour la queue le plus simple est de remplir un seau d'eau additionnée de shampoing et d'y faire tremper les crins avant de les frotter vigoureusement. Le rinçage doit être parfait, des résidus de savon risquant d'irriter la peau et de causer des démangeaisons.
On élimine ensuite le trop plein d'eau de la robe en la raclant avec un couteau de chaleur ou avec le plat de la main. Le cheval doit finir de sécher au soleil ou au moins dans un endroit chaud, à l'abri des courants d'air.
La douche peut aussi servir à détendre les membres après le travail. On utilise alors un jet d'eau froide sous pression, dirigé de bas en haut contre les tendons. Dans tous les cas, il est préférable de sécher soigneusement le pli du paturon afin d'éviter l'apparition de crevasses.

Peu d'écuries disposent d'un système de lampes infrarouges pour sécher les chevaux après la douche.

épaisseur, qui enferme une couche d'air contre la peau de l'animal, mais aussi grâce à son imperméabilité. En effet, si le cheval résiste très bien au froid, sec, il est beaucoup plus sensible aux variations de température quand il est mouillé. C'est pourquoi il est important que son pelage conserve ses huiles naturelles (le sébum), qui lui donnent son caractère imperméable. Un pansage trop énergique et trop fréquent élimine, à la longue, ces huiles naturelles et rend la robe perméable et moins isolante. La douche est bien sûr à proscrire, car elle nettoie elle aussi le poil trop en profondeur, lequel aura besoin de temps pour parvenir à renouveler sa protection naturelle de sébum. Quant à la tonte, elle ne peut se concevoir que dans des circonstances bien particulières.

Le pansage quotidien

Au pré, le cheval doit rester le plus près possible de son état naturel. Le pansage s'effectuera donc avec parcimonie, uniquement lorsqu'il apparaît comme indispensable. Un cheval au repos ne sera pansé qu'une fois de temps en temps, sans utiliser l'étrille (sauf éventuellement par beau temps, en période de mue). L'outil idéal pour éliminer les poils morts sans avoir besoin de frotter trop en profondeur est l'étrille américaine (voir page 50). Les pieds doivent être faits régulièrement, surtout si le terrain est rocailleux ou détrempé (voir chapitre sur les soins aux pieds, pages 60 à 75).

Le cheval qui travaille sera pansé succinctement avant et après chaque reprise ou promenade. Le bouchon ou l'étrille américaine élimineront la boue aux endroits en contact avec le harnachement afin d'éviter les risques de blessures par frottement. Les crins seront éventuellement démêlés, mais surtout pas raccourcis ni désépaissis : ils servent de protection contre les insectes et les intempéries. De même, les poils situés à l'intérieur des oreilles doivent être laissés intacts afin de protéger le pavillon des attaques des insectes piqueurs, comme pour les fanons (longs poils situés à l'arrière du boulet), qui servent de gouttière naturelle protégeant le paturon de l'humidité génératrice de crevasses.

Les soins d'hiver

Au pré, le cheval est à la merci des intempéries. S'il supporte assez bien le froid sec, il lui faut néanmoins une bonne protection pour y résister, et pour empêcher l'humidité de compromettre l'isolation de son poil. C'est donc à la mauvaise saison que les soins seront paradoxalement les plus réduits. Le pansage ne sera effec-

L'épais poil d'hiver des races rustiques leur permet de lutter efficacement contre le froid.

Les chevaux tondus en hiver doivent être couverts lorsqu'ils ne travaillent pas afin d'éviter un coup de froid.

tué qu'au bouchon, en évitant l'étrille et en ne dégageant que les zones en contact avec le harnachement. La douche est à proscrire et, en cas de besoin, on utilisera de préférence un détachant, sec ou en spray, pour éliminer d'éventuelles taches rebelles sur une robe claire.

Une attention particulière sera portée à l'état du poil, des crins et de la peau, afin de les tenir à l'abri des parasites et de préserver leur rôle de protection. Les pieds seront soignés régulièrement et éventuellement passés au goudron pour éviter à la corne de trop se ramollir.

Dans le cas d'un cheval qui travaille, une tonte très succincte est éventuellement envisageable, mais elle devra être limitée à la partie inférieure de l'encolure, au poitrail, éventuellement au ventre. Bien entendu, le port d'une couverture de prairie (bâche ou synthétique) est alors indispensable. Il est également recommandé de couvrir les chevaux âgés, malades ou particulièrement sensibles au froid (chevaux de sang par exemple). Après le travail, si l'animal est en sueur, il faudra le sécher du mieux possible en le bouchonnant avec de la paille fraîche ou en le frottant avec une serviette, avant de le faire marcher jusqu'à ce qu'il soit suffisamment sec pour pouvoir regagner son pré.

✓ *Les soins d'été*

L'été, les principaux ennemis du cheval sont les insectes et autres parasites. Il s'en protège comme il peut, mais ses armes les plus efficaces sont les crins de sa queue et de sa crinière. Il va sans dire que ceux-ci doivent par conséquent être aussi longs et aussi fournis que possible, afin de limiter le supplice de l'animal face notamment aux mouches et aux taons. Tout au plus peut-on dégager le passage de têtière en coupant ou en tondant les crins sur deux ou trois centimètres au niveau de la nuque. Un entretien régulier des crins, en utilisant éventuellement un démêlant adapté, permet de préserver au maximum l'efficacité de ces « chasse-mouches » naturels.

Les crins sont une arme efficace contre les mouches et les taons.

La douche permet de rafraîchir le cheval et de délasser les tendons après le travail.

La douche est souvent appréciée des chevaux par temps chaud, mais il faut éviter de shampouiner l'animal trop fréquemment, afin de ne pas endommager la couche de sébum. Il ne faut bien sûr doucher que par beau temps et faire sécher l'animal au soleil, à l'abri du vent. L'utilisation d'un shampoing insectifuge et/ou antiparasitaire est indiquée. Il existe aussi des insectifuges liquides, en gel, en stick ou en spray qui, s'ils n'ont qu'une efficacité limitée, représentent tout de même une aide appréciable pour l'animal. Le port d'une chemise et d'un filet anti-mouches peut être utile dans le cas de chevaux particulièrement sensibles aux insectes. Enfin, attention aux zones de ladre (peau rose), qui sont parfois sujettes aux coups de soleil !

Préparer son cheval pour un concours

La plupart des chevaux de concours sont nattés avant les épreuves.

Pour une sortie en concours, le cavalier est amené à donner à sa monture un aspect aussi soigné que possible. Le pansage et la toilette seront donc particulièrement minutieux. Un cheval clair sera de préférence douché la veille ou le matin de l'épreuve, au minimum nettoyé à l'aide d'un détachant afin d'éliminer d'éventuelles taches rebelles (fumier, boue…). La robe sera brossée et lustrée avant l'entrée en piste, et les crins de la queue et de la crinière souvent tressés. On peut aussi dessiner des marques (damier, dents de scie…) sur la croupe du cheval à l'aide du peigne et d'eau sucrée. Les poils disgracieux seront égalisés, mais les vibrisses autour de la bouche, des naseaux et des yeux devront rester intacts : ce sont des organes tactiles utiles à l'animal. De même, on ne doit pas tondre l'intérieur des oreilles afin de laisser au cheval cette protection contre les insectes.

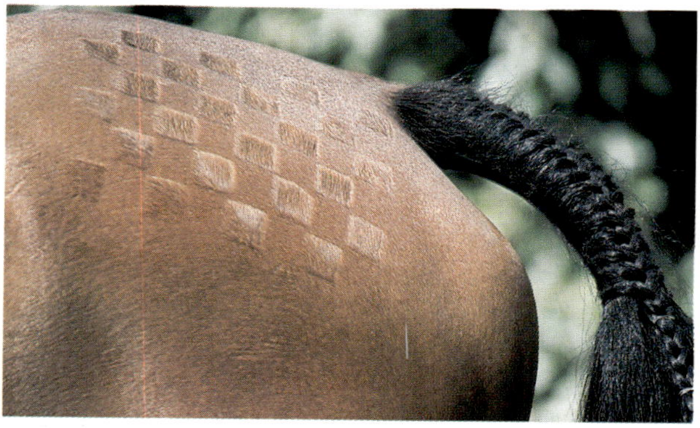

Damiers sur la croupe, tresse à la queue, autant de décorations utilisées pour les compétitions.

Panser le cheval au box

Si le cheval vivant toute l'année à l'extérieur doit être laissé quasiment tel quel afin de lui permettre de se défendre contre les agressions extérieures, l'animal élevé à l'écurie peut supporter un toilettage plus poussé. Que ce soit pour sortir en concours ou tout simplement pour le plaisir de son cavalier, il se transformera volontiers en cheval des villes, par opposition au cheval des champs resté nature.

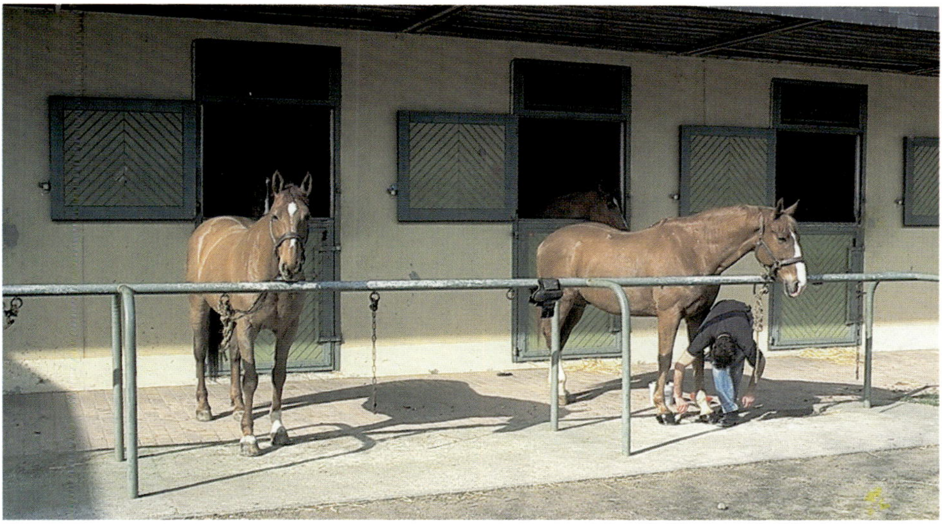

On panse de préférence les chevaux à l'extérieur de leur box.

Le pansage quotidien

Le pansage sera fait méticuleusement aussi souvent que nécessaire, en utilisant l'ensemble du matériel disponible.

✓ *La robe*

On commence par passer l'étrille sur les parties charnues (une étrille en caoutchouc suffit généralement pour un cheval au box, sauf en période de mue, s'il n'est pas tondu). Le bouchon, puis la brosse douce finissent de nettoyer la robe, et un dernier passage de l'époussette (éventuellement complété d'une vaporisation de produit lustrant) la font briller.

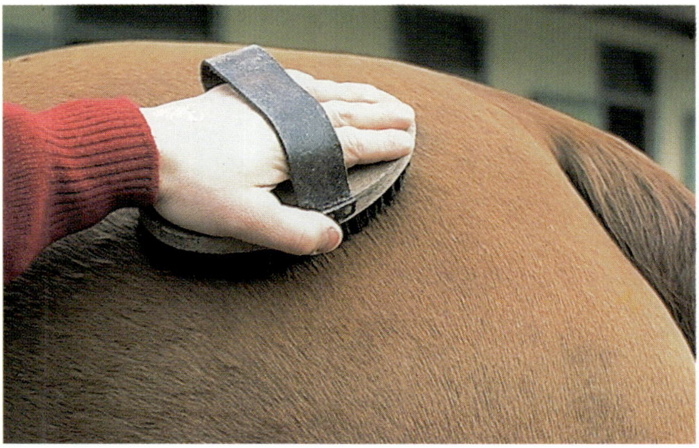

La brosse douce permet d'éliminer la poussière et de lustrer la robe.

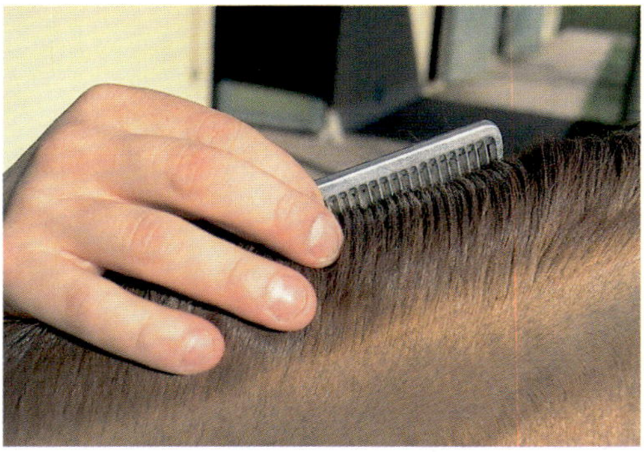

Les crins sont idéalement peignés afin de retomber du côté gauche de l'encolure.

✓ *Les crins*

Les crins sont faits régulièrement, la crinière généralement coiffée de façon à retomber d'un seul côté de l'encolure. La queue peut être raccourcie, l'extrémité des crins coupés en biais à environ un travers de main sous le jarret. La crinière est souvent égalisée et désépaissie. On utilise pour cela le peigne et non les ciseaux, qui ont tendance à faire des « échelles ». Pour faire la crinière, il suffit d'enrouler une petite mèche de crins à la fois autour des dents du peigne et de l'arracher en tirant d'un coup sec. Pour les concours, la crinière et la queue peuvent aussi être nattées afin de leur donner un aspect irréprochable.

Les soins saisonniers

L'été, le cheval hébergé au box pourra être douché assez souvent. Attention toutefois à ne le mouiller que par beau temps et à le faire marcher au soleil, à l'abri des courants d'air, jusqu'à ce qu'il soit sec (voir encadré page 53).

L'hiver, il sera tondu afin de ne pas trop transpirer pendant le travail. Il existe différentes tontes (voir encadré ci-contre) selon le type et l'intensité du travail pratiqué.

L'été, une douche ou une baignade sont rafraîchissantes pour le cheval, en particulier après le travail.

Les différents types de tonte

Le type de tonte dépend du travail fourni par le cheval et de son mode d'hébergement. On ne tond en principe que les chevaux à l'écurie, mais une tonte légère peut convenir à un cheval au pré s'il porte une bonne couverture. En principe, plus le travail est poussé (donc plus l'effort est violent et plus le cheval transpire), plus la tonte est importante, jusqu'à une tonte complète pour certains chevaux de concours hippique.

Tonte de course ou tonte en manteau : cette tonte convient aux chevaux effectuant un travail léger mais régulier.

Tonte « couverture » ou tonte en sac : ce type de tonte est plus particulièrement adapté aux chevaux qui travaillent le week-end ou pendant les vacances, et qui vivent au pré le reste du temps.

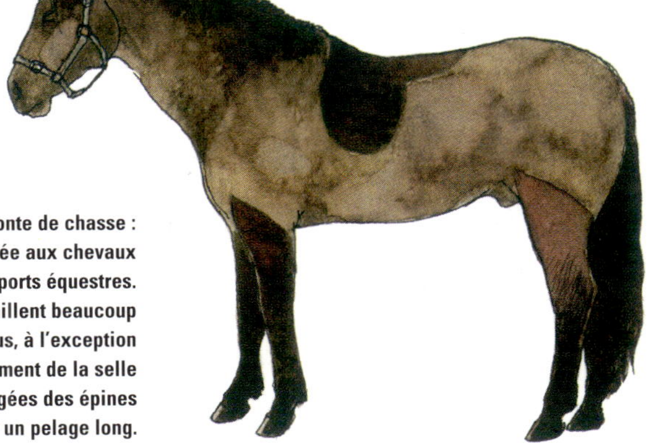

Tonte de chasse : cette tonte est particulièrement adaptée aux chevaux utilisés en chasse à courre ou en sports équestres. En effet, ces derniers travaillent beaucoup et ont donc besoin d'être tondus, à l'exception des jambes et de l'emplacement de la selle qui seront bien mieux protégées des épines et des chocs et frottements divers par un pelage long.

Pas de pied, pas de cheval !

Pourquoi cure-t-on les pieds ?

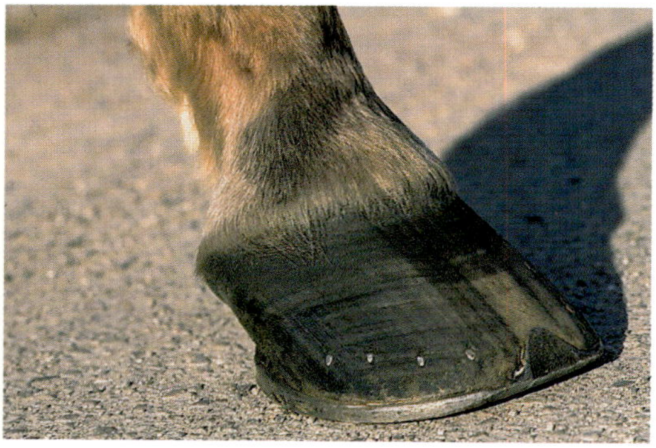

Les soins des pieds sont extrêmement importants : ne dit-on pas « pas de pied, pas de cheval » ?

Le cavalier doit très vite apprendre à curer les pieds de son cheval. Il utilise pour cela une sorte de petit crochet de métal (ou parfois de plastique) appelé cure-pied, avec lequel il gratte la sole des sabots avant et après le travail. Cette habitude permet non seulement de vérifier le bon état des sabots et de repérer rapidement un éventuel problème (pourriture de la fourchette, abcès…), mais aussi et en premier lieu de nettoyer le pied. Sa forme creusée en fait en effet un véritable piège à saletés, de la boue au fumier, en passant par les cailloux. Une pierre coincée sous la sole risque de gêner l'animal, voire de le blesser si elle n'est pas enlevée à temps. Quant à la boue et au fumier, ils ont tendance à faire macérer le pied, ce qui cause parfois un effritement de la corne de la sole et de la fourchette, allant jusqu'à la pourriture de celle-ci.

La sole et la fourchette doivent être examinées et nettoyées chaque jour afin d'éviter des lésions longues à guérir.

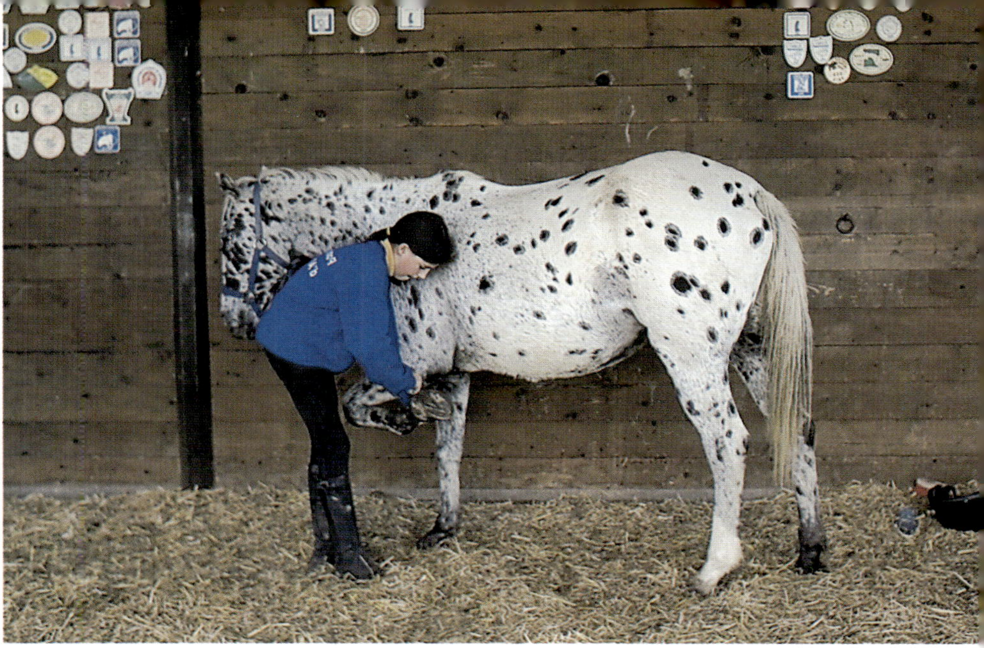

Curer les pieds est la partie la plus importante du pansage.

Comment procéder ?

Pour curer les pieds du cheval, il faut les soulever l'un après l'autre et gratter la sole et le contour de la fourchette à l'aide de la pointe du cure-pied.

✓ *Soulever un antérieur*

Pour l'antérieur gauche, se placer au niveau du membre, le long du cheval mais tourné vers son arrière-main, en tenant le cure-pied dans la main droite. Se baisser et passer le bras gauche sous le cheval, le long du membre. Prendre l'avant du boulet dans la main gauche et soulever doucement l'antérieur. Maintenir le pied en place avec la main gauche pendant qu'on le cure avec la main droite.

✓ *Soulever un postérieur*

Pour le postérieur droit, se placer au niveau de l'arrière-main du cheval, tourné vers l'arrière. Se baisser légèrement en passant le bras droit vers l'intérieur du membre et attraper l'avant du boulet. Passer ensuite celui-ci dans la main gauche et curer avec la droite.

Pour un gaucher, inverser les manœuvres. Si le cheval refuse de soulever son pied, utiliser l'ordre « donne ! » d'une voix ferme, tout en appuyant de façon répétée (mais non constante) sur son épaule ou sa cuisse.

Attention, lorsque l'on cure les pieds d'un cheval, il ne faut jamais s'agenouiller à ses côtés, ni se placer derrière ou devant le membre que l'on tient : en cas de mouvement brusque du cheval, on risquerait alors de prendre un coup de pied ou de genou.

Il est conseillé de toujours curer les sabots du talon vers l'extérieur (la paroi), afin de ne pas risquer de blesser le cheval par un faux mouvement. Dans tous les cas, il faut éviter de gratter trop énergiquement la fourchette et surtout les glomes, qui sont assez sensibles. Se contenter de débarrasser la sole et les lacunes de la boue, du fumier ou des cailloux qui s'y trouvent.

Problèmes courants affectant les pieds

« Pas de pied, pas de cheval », ce vieux dicton anglais résume bien l'importance des soins à apporter aux sabots du cheval. Les problèmes affectant les pieds du cheval sont souvent longs à guérir, handicapants et douloureux pour l'animal. Un cheval qui a de mauvais pieds ne peut pas travailler correctement et ne se déplacera qu'avec peine, en particulier si la douleur est importante. Comme dans beaucoup d'autres domaines, mieux vaut prévenir que guérir !

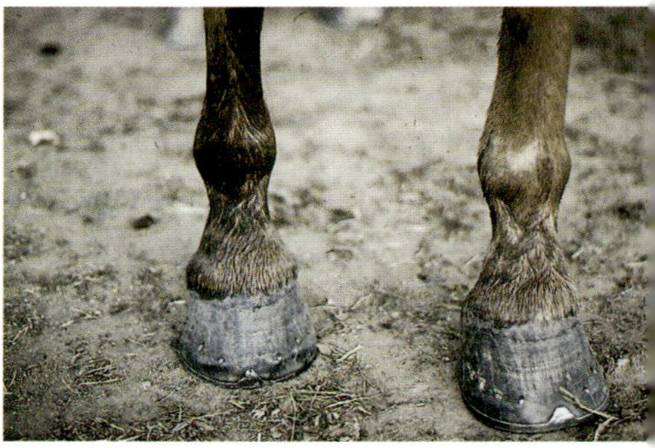

Le bon état des pieds est essentiel. Il passe par un entretien et une surveillance réguliers.

✓ *Le « clou de rue »*

Il s'agit d'une perforation accidentelle de la sole, par un clou ou tout autre objet pointu. Il faut alors retirer l'objet s'il est resté planté dans le pied, puis désinfecter soigneusement la blessure (à la teinture d'iode ou à l'essence de térébenthine par exemple). La sole sera ensuite utilement recouverte d'une plaque de protection, fixée entre le pied et le fer, afin d'éviter une surinfection. L'administration d'un sérum antitétanique est préférable, même si l'animal est déjà vacciné.

✓ *L'abcès*

Il arrive que des abcès se forment sous la surface de la sole et fassent boiter le cheval. On les localise en sondant le pied avec une pince spéciale, puis on les perce, après avoir aminci la corne à l'aide d'une rénette, pour les vider et éliminer la pression qui cause douleur et échauffement. Selon le type d'abcès rencontré, le traitement sera plus ou moins long et contraignant. Une désinfection locale, l'application de sulfate de cuivre et un sérum antitétanique sont nécessaires dans la plupart des cas. Les cas les plus sérieux (présence de pus) nécessitent l'intervention du vétérinaire.

✓ *Les bleimes*

Ce sont de petites atteintes de la sole (comme un bleu) causées par une pression (corps étranger) ou un choc. Une bulle de sang colore la corne et l'endroit devient douloureux. Les bleimes sont sans gravité et se résorbent généralement toutes seules en quelques jours. Si ce n'est pas le cas, il faut faire intervenir le maréchal-ferrant.

✓ *Les seimes*

Ce sont des fissures verticales dans la paroi du sabot. On en distingue deux types, selon qu'elles démarrent en bas du sabot (cas le plus fréquent) ou au niveau du bourrelet périoplique. Les seimes d'herbage, partant du sol, peuvent facile-

Les seimes peuvent généralement être « barrées » par le maréchal-ferrant.

ment être « barrées » par le maréchal, qui empêche la fente de s'étendre en faisant à la râpe ou à la rénette une rainure perpendiculaire à son sommet. La seime partant de la couronne est plus délicate à soigner ; elle est le symptôme d'un choc ou d'un défaut du périople. Dans les cas les plus sérieux, il peut être nécessaire de poser des agrafes afin de rapprocher les bords de la seime, voire d'appeler le vétérinaire à la rescousse.

✓ *La fourmilière*

C'est un décollement de la muraille (ou paroi) du sabot, suite à un choc ou à partir d'une simple seime. Il se forme alors une cavité remplie de sang ou de pus entre la corne et la chair. Le maréchal-ferrant doit intervenir en nettoyant la cavité, puis en la remplissant d'un coton imbibé d'antiseptique. Le cheval devra ensuite porter un fer spécial jusqu'à sa guérison.

✓ *La pourriture de la fourchette*

Elle est causée par une macération du pied en milieu humide (boue, fumier...) et est plus facile à prévenir qu'à guérir. Il faut curer les pieds soigneusement en prenant soin d'éliminer des lacunes toutes traces de fumier, afin de laisser l'air circuler et assécher le pied. L'application de goudron de Norvège ou de produits spéciaux en petites burettes permet d'assainir le pied et d'éviter une trop forte macération. Des morceaux de coton imbibés de liqueur de Villatte ou d'une solution de sulfate de cuivre, glissés dans les trous, permettent de traiter un début de pourriture.

Une macération du pied en milieu humide peut causer une pourriture au niveau de la fourchette.

✓ *La fourbure*

C'est une inflammation des pieds (généralement limitée aux antérieurs) souvent causée par un excès de nourriture, parfois par une station debout prolongée ou par un excès de travail. La chair comprimée à l'intérieur des sabots fait souffrir l'animal qui reporte alors son poids sur son arrière-main et prend une posture caractéristique. Cette affection est très grave et peut devenir chronique si l'on n'intervient pas à temps. Dans les cas les plus aigus, la troisième phalange bascule et comprime la sole, allant parfois jusqu'à la perforer. L'intervention du vétérinaire est indispensable. Celui-ci prescrira un traitement, éventuellement une saignée, qui sera utilement complétée par des douches froides sur les membres atteints.

Les poneys et les chevaux rustiques, qui profitent d'un rien, sont prédisposés à la fourbure.

Les produits de soin

Pour entretenir la corne, il est recommandé de passer régulièrement de la graisse ou du goudron sur les sabots.

La graisse ou onguent

Elle peut être de différentes couleurs et qualités. Elle contient en général de l'huile de laurier, qui favorise la repousse de la corne. Son rôle est principalement d'hydrater la paroi du sabot afin qu'elle ne se fendille pas et qu'elle reste relativement souple. On s'en sert de préférence l'été.

L'onguent permet d'hydrater la corne du pied.

L'onguent blond ne colore pas le sabot et permet surtout une bonne hydratation de la corne tout en évitant les débordements (notamment sur les chevaux aux extrémités claires).

L'onguent vert est le plus riche en huile de laurier. Il accélère la repousse et hydrate en profondeur.

L'onguent noir colore superficiellement le sabot et contient du goudron de Norvège. C'est le moins hydratant, mais il donne aux pieds un aspect ciré et brillant.

Le goudron

Souvent appelé « goudron de Norvège », il a plutôt tendance à assécher la corne. Antiseptique, il permet de limiter les risques de macération excessive et de pourriture du sabot et de la fourchette, et de durcir la sole. C'est le traitement de choix pour les chevaux au box ou au pré l'hiver, et dont les pieds sont constamment humides. On le passe au pinceau environ une à deux fois par semaine, principalement sur la sole et sur la fourchette. Il peut également être appliqué sur la paroi, mais l'effet ne sera qu'esthétique. On trouve sur le marché depuis quelques années du goudron en spray, plus agréable d'utilisation, mais qui ne permet pas une application épaisse de protection.

Il est recommandé de graisser les pieds régulièrement.

Les huiles

L'huile de laurier pure favorise la repousse de la corne lorsque celle-ci est très abîmée.

L'huile de foie de morue pénètre en profondeur et hydrate la corne. Elle est, en outre, riche en vitamine D.

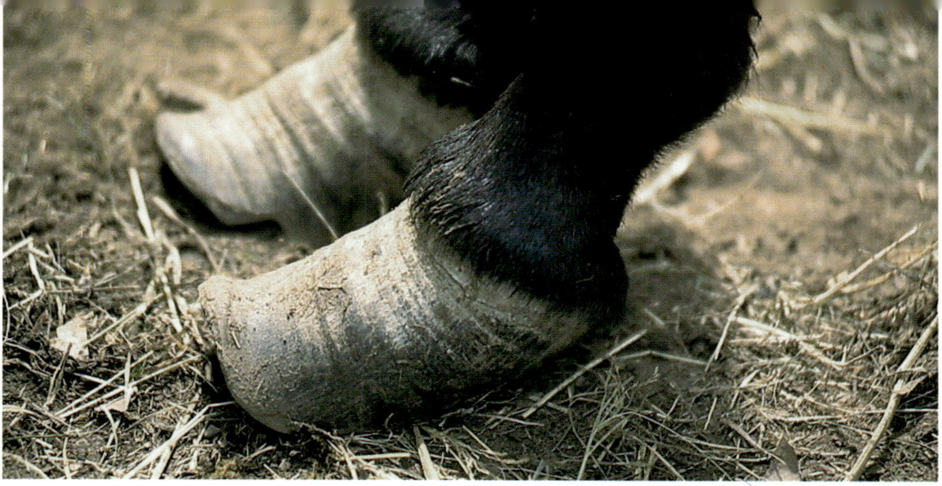

Même s'il n'est pas ferré, le cheval doit être paré régulièrement. Sans soins, ses pieds peuvent aller jusqu'à se déformer.

L'onguent blanc au zinc sert principalement à soigner crevasses et gerçures. Il n'est pas à proprement parler destiné aux sabots.

Un liquide de soin pour la fourchette existe dans de petites burettes. C'est un produit visqueux, de couleur sombre, qui permet de limiter les risques de pourriture. On l'applique au cœur des lacunes médianes et latérales grâce à son embout.

La liqueur de Villatte, qui sert à traiter la pourriture de la fourchette, se trouve en pharmacie. On en imbibe de petits cotons que l'on bourre dans les lacunes et dans les trous causés par la macération du sabot.

Les compléments alimentaires

Il existe aussi des compléments alimentaires qui améliorent l'état des sabots (ainsi que des crins et des poils, eux aussi composés de kératine). Il s'agit principalement de la biotine, qui s'administre en cure (30 jours) par voie orale. Elle se présente généralement sous forme de poudre à mélanger à la nourriture, mais peut aussi faire partie des composants d'un complément plus général.

En résumé, quand les pieds sont vraiment très secs et s'effritent (paroi qui se fendille et se brise), un bon onguent est essentiel. On l'appliquera de préférence après avoir douché les membres, de façon à « enfermer » l'humidité entre la corne et l'onguent pour mieux hydrater les sabots.

En revanche, lorsqu'ils ont tendance à se ramollir et à pourrir (des morceaux de corne blanche et plâtreuse se détachent lorsque l'on cure les pieds), c'est le goudron qu'il faut utiliser. Si la corne ne se renouvelle pas assez vite, l'idéal est d'appliquer de l'huile de laurier sur la paroi, en insistant sur le bourrelet périoplique. Et dans le cas de fourchettes pourries (des morceaux se détachent et le pied suinte et dégage une odeur nauséabonde), il n'y a guère que la liqueur de Villatte pour y remédier.

De nombreux types d'onguents et d'huiles pour sabots sont disponibles sur le marché.

Calendrier type des soins des pieds

L'entretien des pieds est essentiel si l'on souhaite garder son cheval en bonne condition physique et lui éviter une souffrance et un inconfort inutiles. La fréquence de certains soins varie selon le type de cheval, le travail qu'il fournit et son type d'hébergement. Voici cependant un calendrier type des soins courants.

	Tous les jours	Une fois par semaine	Une fois dans le mois
Janvier	Curer les pieds ; une dose de biotine dans la nourriture.	Passer les pieds au goudron de Norvège.	Maréchal-ferrant (ferrure neuve).
Février	Curer les pieds.	Passer les pieds au goudron de Norvège.	Passer de l'huile de laurier sur les sabots.
Mars	Curer les pieds.	Passer les pieds au goudron de Norvège.	Maréchal-ferrant (referrer).
Avril	Curer les pieds.	Passer les pieds au goudron de Norvège.	Passer de l'huile de laurier sur les sabots.
Mai	Curer les pieds.	Appliquer de l'onguent sur les sabots.	Maréchal-ferrant (ferrure neuve).
Juin	Curer les pieds.	Appliquer de l'onguent sur les sabots.	Passer de l'huile de laurier sur les sabots.
Juillet	Curer les pieds ; une dose de biotine dans la nourriture.	Doucher les membres, puis appliquer de l'onguent sur les sabots.	Maréchal-ferrant (referrer).
Août	Curer les pieds.	Doucher les membres, puis appliquer de l'onguent sur les sabots.	Passer de l'huile de laurier sur les sabots.
Septembre	Curer les pieds.	Appliquer de l'onguent sur les sabots.	Maréchal-ferrant (ferrure neuve).
Octobre	Curer les pieds.	Passer les pieds au goudron de Norvège.	Passer de l'huile de laurier sur les sabots.
Novembre	Curer les pieds.	Passer les pieds au goudron de Norvège.	Maréchal-ferrant (referrer).
Décembre	Curer les pieds.	Passer les pieds au goudron de Norvège.	Passer de l'huile de laurier sur les sabots.

Parage et ferrure

On ferre un cheval qui travaille toutes les 4 à 6 semaines environ.

Les différents outils du maréchal-ferrant

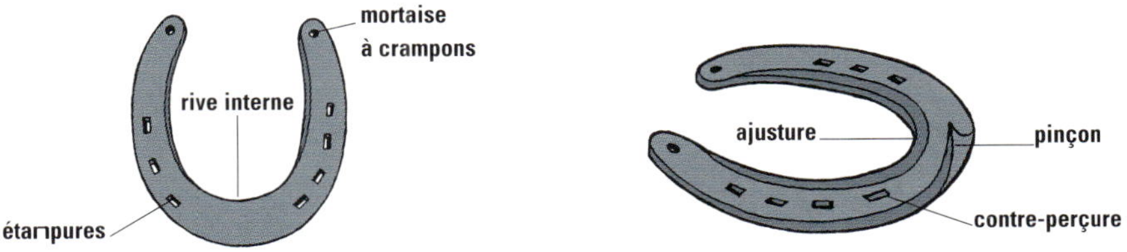

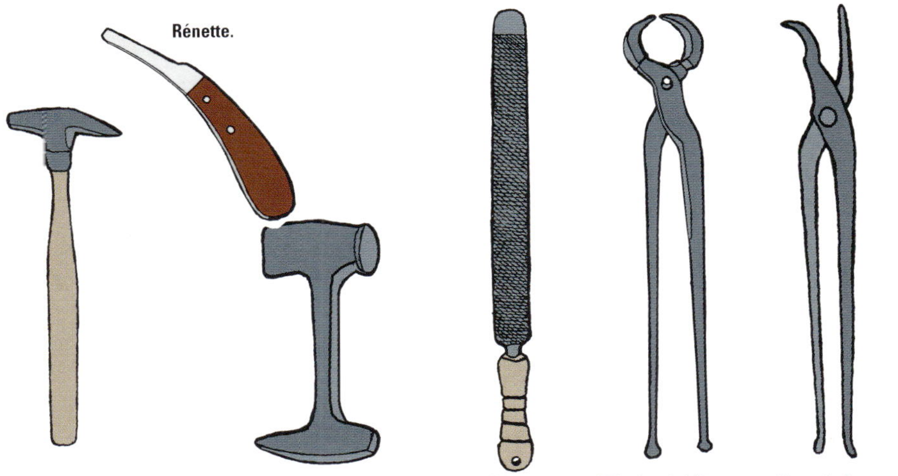

Brochoir. Dérivoir. Râpe. Tricoise à déferrer. Pince à riveter.

S'il est tout à fait possible de laisser un cheval « pieds nus », les fers lui permettent de travailler sur sol dur et rugueux (routes, chemins caillouteux...) sans dommage pour la corne de ses sabots.

Le parage

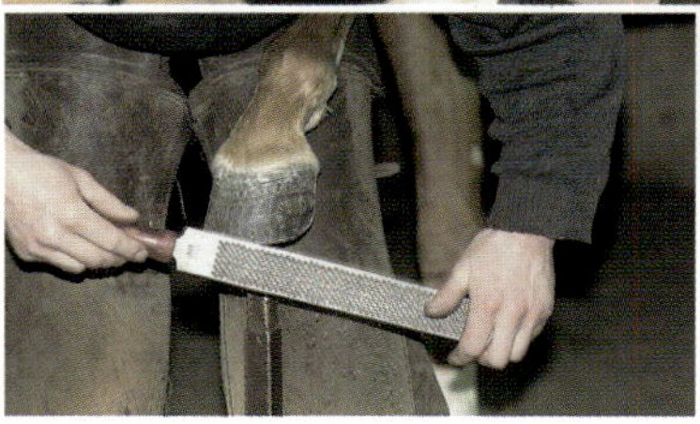

Qu'il soit ou non ferré, le cheval doit voir le maréchal régulièrement pour être paré.

Le maréchal-ferrant adapte parfaitement la forme des fers aux pieds du cheval avant de les poser et de les clouer en place. Le pied doit être mis en forme auparavant, par une opération appelée parage. À l'aide de différents outils (rogne-pied, rénette, râpe...), le maréchal coupe l'excès de corne, égalise la corne de la sole, dégage les lacunes de la fourchette et aplanit le pied afin qu'il puisse recevoir le fer.

La ferrure

On ferre en général les chevaux dès qu'ils fournissent un travail régulier. En effet, si la corne s'use alors plus vite qu'elle ne repousse, l'animal finit par avoir mal aux pieds. Le fer empêche cette usure et protège le pied des chocs et des frottements répétés qui pourraient l'endommager. Cependant, la corne pousse alors sans s'user, ce qui explique qu'il faille régulièrement déferrer l'animal afin de le parer, puis de le ferrer à nouveau. Des pieds trop longs sont inconfortables pour le cheval, déforment ses aplombs et peuvent le faire trébucher.

Un bon maréchal adapte le fer au pied du cheval et non le contraire.

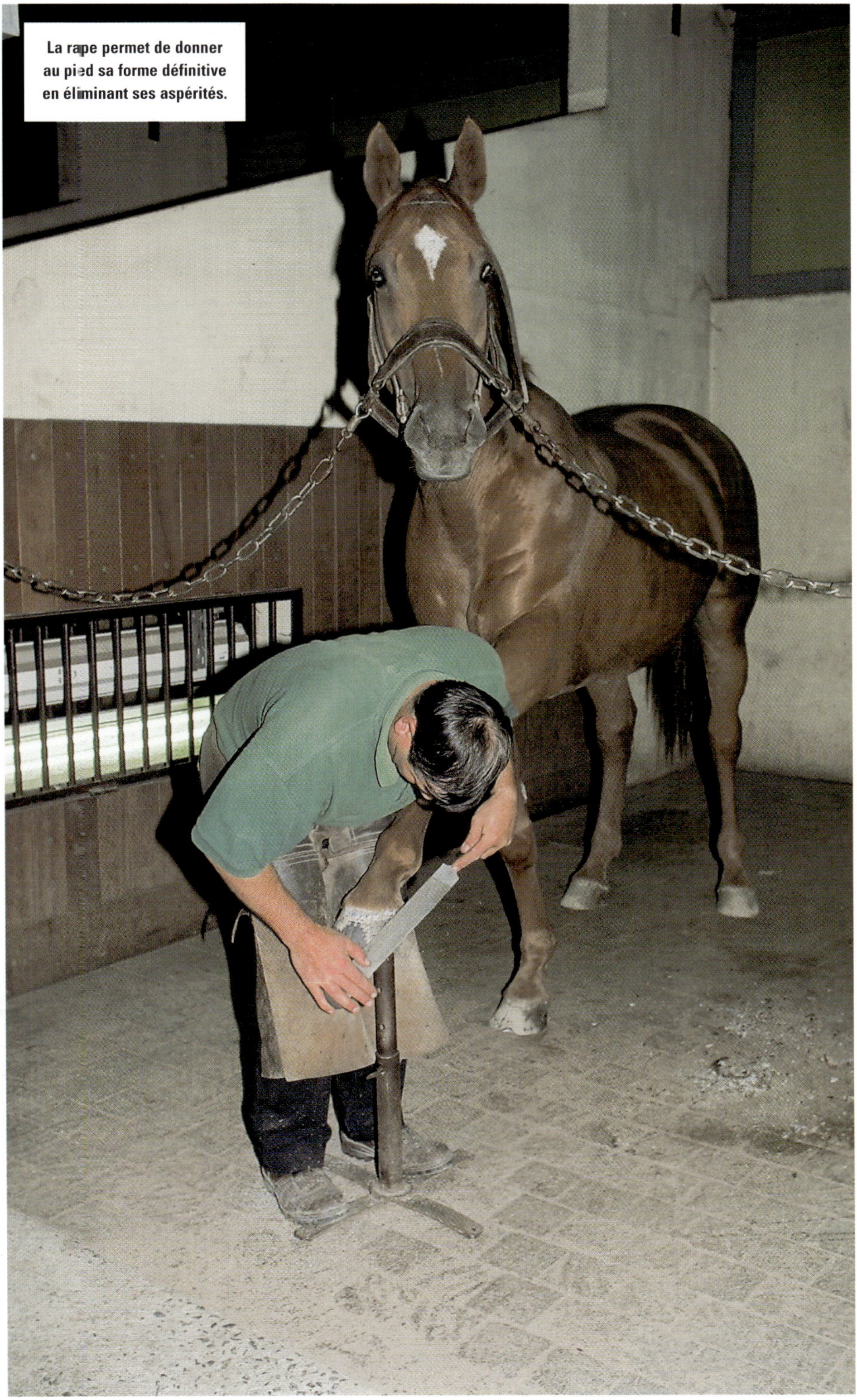

La rape permet de donner au pied sa forme définitive en éliminant ses aspérités.

La plupart des maréchaux ferrent « à chaud ».

Lorsque les fers sont usés, on les remplace par des fers neufs.

En principe, on referre environ toutes les six à huit semaines. Le fer n'étant pas éternel, il faut le remplacer régulièrement lorsqu'il s'use. La fréquence des remplacements de fers varie selon le type de travail fourni par l'animal et les surfaces sur lesquelles il est amené à évoluer. C'est en général le maréchal-ferrant qui, lorsqu'il doit referrer le cheval, constate l'état de la ferrure et décide ou non de poser des fers neufs.

La ferrure peut être posée à chaud, les fers étant chauffés dans une forge puis mis en forme sur une enclume avant la pose, ou à froid, auquel cas ils sont moins bien modelés à la forme des pieds du cheval. C'est un peu la même différence que le sur-mesure et le prêt-à-porter !

Dans le cas de poneys au pré ou de chevaux ne fournissant qu'un travail léger, il est tout à fait envisageable de se passer de fers. Les pieds doivent alors être suffisamment en bon état et ne pas être trop fragiles. Un cheval déferré a cependant besoin d'un entretien régulier et de visites au moins bisannuelles du maréchal-ferrant. Celui-ci parera les pieds et s'assurera que leur état permet l'absence de fers.

Problèmes courants affectant les membres

Les membres du cheval sont relativement fins par rapport à la masse qu'ils ont à supporter. C'est pourquoi il est indispensable d'en prendre le plus grand soin afin d'éviter des affections plus ou moins graves. Un cheval surmené ou amené à travailler à allure soutenue sur un sol dur risque plus de problèmes qu'un animal qui reste au pré ou ne fournit qu'un travail peu soutenu sur une surface souple (sciure du manège). Dans tous les cas, un examen attentif des membres lors du pansage, avant et après le travail, permet de détecter au plus vite les éventuels problèmes et d'y faire face avant qu'ils s'amplifient et handicapent l'animal.

Les tares

On distingue les tares dures, causées par un choc sur une région osseuse, des tares molles, liées à un choc ou à un frottement répété sur un tendon ou une articulation.

Les tares

On appelle « tares » les reliefs anormaux qui apparaissent parfois sur les membres des chevaux. Il faut distinguer les tares dures au toucher et provoquées par un choc, comme le suros, des tares molles, dues à des troubles des synoviales (molettes par exemple). Elles sont plus ou moins ennuyeuses et handicapantes selon leur localisation et leur nature.

On englobe également dans les tares les diverses cicatrices (traces de feux sur les tendons ou les boulets, genou couronné), ainsi que les crevasses, les pieds cerclés (symptôme de la fourbure), et autres déformations accidentelles ou liées à une maladie.

Tares dures — **Antérieur** — **Antérieur**

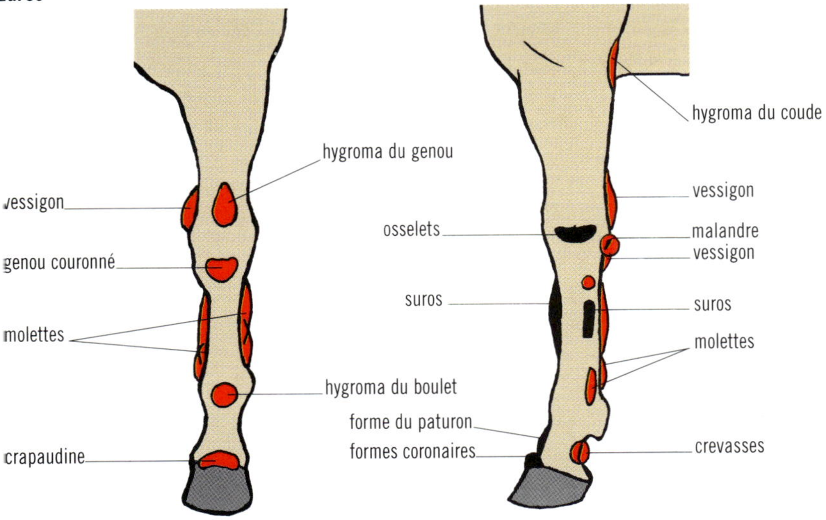

Tares molles — **Antérieur** — **Postérieur**

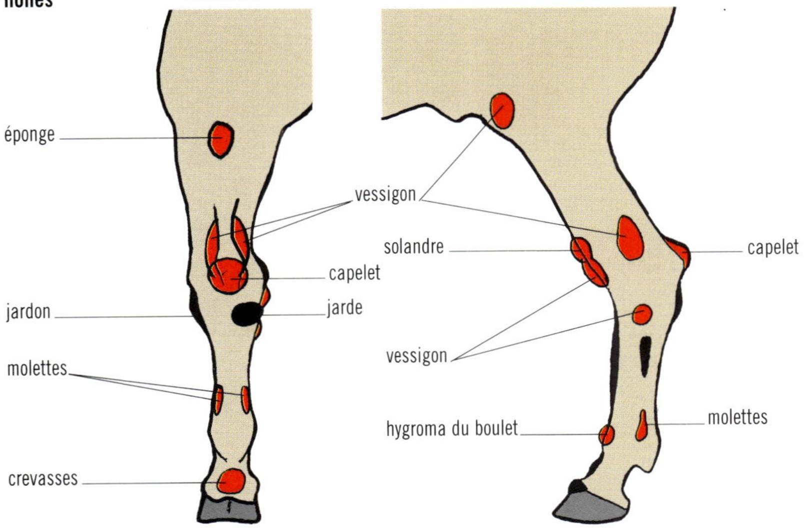

Rapide et agile, le cheval doit avoir des membres en bonne condition.

Des problèmes de croissance peuvent être à l'origine de défauts d'aplombs.

Elles apparaissent en général sur des chevaux ayant subi des efforts violents et répétés. Certaines sont douloureuses, d'autres ne sont que disgracieuses. Toute apparition de tares doit amener le cavalier à ménager sa monture, voire à la mettre au repos immédiat dans le cas où elles occasionnent des boiteries. Des applications locales de kaolin ou d'argile et des douches froides améliorent bien souvent l'état des membres et peuvent faire disparaître certaines tares.

Les défauts d'aplombs

Les membres du cheval doivent en principe être bien d'aplomb, les canons perpendiculaires au sol et parallèles les uns aux autres. Il arrive fréquemment que les aplombs ne soient pas parfaits, provocant une fatigue plus importante des membres lors du travail. Certains défauts très légers peuvent être corrigés par le maréchal lors du parage, mais la plupart sont irréversibles. Un cheval qui a de mauvais aplombs devra être particulièrement surveillé pour éviter une fatigue excessive des tendons et des articulations, ainsi que l'apparition d'atteintes.

Les atteintes

On appelle ainsi les blessures causées aux membres les uns aux autres. En général, c'est le sabot qui vient heurter le membre voisin au niveau de la couronne ou du boulet. Parfois, les sabots postérieurs blessent les antérieurs au niveau des glomes. Les atteintes peuvent être évitées par le port de protections (guêtres, cloches, protège-boulets…), en particulier sur les chevaux présentant des défauts d'aplombs ou pour le travail à l'obstacle. Une petite atteinte se soigne assez bien (nettoyage au jet puis désinfection locale), mais le membre doit impérativement être protégé jusqu'à guérison afin d'éviter de nouveaux coups.

La prise de longe

C'est une blessure située au pli du paturon (plus rarement au pli du genou), causée par le frottement et la compression de la longe. Quand le cheval est attaché avec une longe trop longue ou fixée trop près du sol, il risque en effet de s'y prendre les pieds et de s'emmêler un antérieur. Le plus souvent, il prend peur et « tire au renard », se blessant plus ou moins gravement. Le plus délicat est l'emplacement vulnérable de la blessure. En effet, celle-ci est située dans un pli, donc difficile à soigner et à maintenir à l'abri des microbes et des chocs et frottements. Il faut la nettoyer soigneusement (jet d'eau, eau savonneuse ou eau oxygénée), puis appliquer une pommade antiseptique pour éviter l'apparition de crevasses.

Les crevasses

Ce sont des craquelures qui surviennent le plus souvent au pli du pâturon. Elles apparaissent souvent après une longue macération en milieu humide (boue par exemple), d'où leur autre appellation : « gale de boue ». Les formes bénignes se soignent assez facilement : il suffit de laver quotidiennement la zone atteinte avec de l'eau savonneuse, en prenant soin d'enlever les croûtes superficielles, puis d'appliquer une pommade (à base de soufre, de saindoux, de lavandin…). Parfois, la gale de boue envahit l'ensemble du membre, qui se dépile et perd des flocons et des croûtes de peau. Il y a alors infection et la simple application d'une crème grasse (vaseline) ne suffit plus. Le traitement consiste alors à appliquer localement une lotion antibiotique, associée ou non à un corticoïde. Un antibiotique par voie générale peut être indispensable dans les cas les plus rebelles.

Les protections évitent au cheval de se faire des atteintes aux membres.

Le genou couronné

C'est une plaie accidentelle consécutive à une chute, localisée sur la face antérieure du genou. La blessure est plus ou moins profonde et dans les cas les plus graves (articulation lésée avec écoulement de liquide synovial), l'intervention du vétérinaire est urgente et indispen-

Dans certains cas, l'intervention du vétérinaire est indispensable.

sable. Si la plaie n'est pas trop profonde, il suffit de la nettoyer au jet, de couper d'éventuels lambeaux de peau, puis de la désinfecter et de la saupoudrer de sulfamides. L'injection d'un sérum antitétanique peut être souhaitable.

L'engorgement

Les membres peuvent parfois gonfler suite à un effort prolongé ou à une infection microbienne. On parle alors de lymphangite. Le premier geste à faire est de doucher longuement le membre à l'eau froide, puis éventuellement de poser des emplâtres d'argile. Si le mal persiste, l'intervention du vétérinaire est nécessaire.

Les soins aux membres

Comme les sabots, les membres ont eux aussi besoin de soins réguliers. Un travail fréquent, modéré et progressif évite souvent de sérieux problèmes tendineux et articulaires. Après le travail, un examen minutieux de l'état des jambes du cheval permet de déceler d'éventuelles atteintes ou gonflements.

Le cavalier vérifie chaque jour l'absence de blessures ou de crevasses, qui doivent être traitées rapidement. En effet, une petite atteinte ou une lésion au niveau du pied peuvent entraîner une lymphangite nécessitant parfois la mise au repos de l'animal.

Cloches en caoutchouc.

Avant le travail

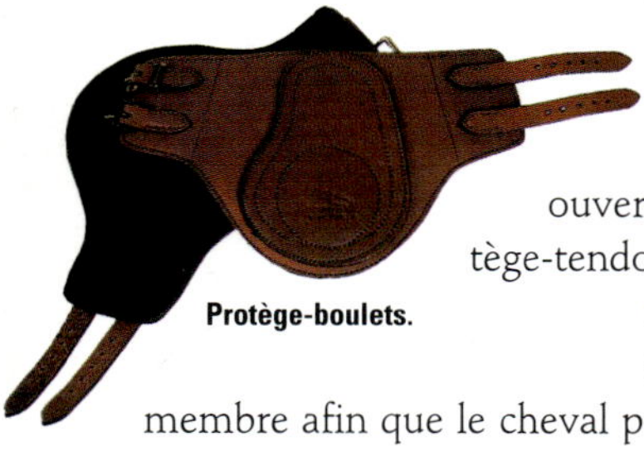

Protège-boulets.

Si le cheval a tendance à se blesser aux allures, à cause d'un défaut d'aplombs, par exemple, ou pour travailler à l'obstacle, il est prudent de lui mettre des protections de travail. Les guêtres ouvertes, également appelées guêtres allemandes ou protège-tendons, sont idéales pour l'obstacle. Elles protègent les tendons des antérieurs d'éventuelles atteintes des sabots postérieurs, tout en laissant libre l'avant du membre afin que le cheval puisse sentir s'il touche une barre. Pour le cross ou le travail sur le plat, des guêtres fermées permettent une protection de l'ensemble du membre, du canon au boulet. Les protège-boulets se mettent aux postérieurs pour éviter les atteintes pendant la marche (cheval qui serre). Les cloches quant à elles, permettent de protéger les glomes des antérieurs, ainsi que la couronne. Pour maintenir les tendons pendant l'effort, le port de bandes de travail est indiqué. Les genouillères permettent d'éviter qu'un cheval qui trébuche se couronne les genoux.

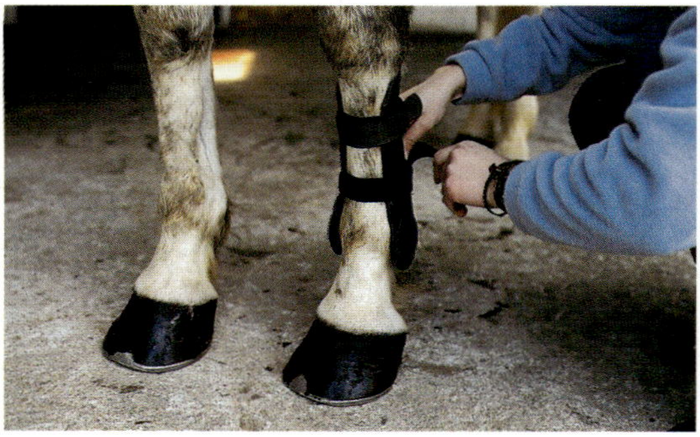

Les guêtres ouvertes servent principalement à l'obstacle.

Après le travail

Après le travail, il est bénéfique de doucher vigoureusement les membres à l'eau froide, afin de stimuler la circulation sanguine et de masser les tendons, tout en rafraîchissant les membres échauffés. Les paturons doivent être séchés avec soin après une séance en terrain humide ou après une douche, puis éventuellement enduits de vaseline ou d'une crème grasse à base de soufre. En effet, ils sont sujets aux crevasses, plus faciles à prévenir qu'à guérir !

Le cheval de cross doit être bien protégé des chocs aux quatre membres.

Le cheval aux quatre saisons

Si beaucoup de soins sont communs aux douze mois de l'année, chaque saison a néanmoins des caractéristiques particulières dont il faut savoir tenir compte lorsque l'on s'occupe d'un cheval. C'est surtout l'animal élevé à l'extérieur qui devra être entretenu en fonction des saisons. Celui qui vit au box subira néanmoins une grande partie des modifications climatiques et leur influence ne devra pas être négligée.

Le cheval au pré ressent plus l'influence des saisons que celui qui vit à l'écurie.

Le printemps

Le printemps est la saison du renouveau et l'herbe tendre redonne des forces aux chevaux élevés dehors.

Le printemps représente dans la nature le renouveau, le réveil après la rigueur de l'hiver. Le temps s'améliore, mais l'air est très humide et les précipitations sont importantes. Le sol se durcit peu à peu, la boue redevenant terre, et la végétation reprend sa croissance. Dans les prés, l'herbe commence à pousser et sa valeur nutritionnelle augmente.

Pour les chevaux aussi, c'est le moment du renouveau. Ils perdent progressivement leur long poil d'hiver pour le remplacer par une robe courte et lisse. Les juments entrent généralement en chaleur à cette période : c'est la « saison des amours ». C'est aussi la saison des naissances, les poulains voyant généralement le jour à cette période clémente, qui leur permet de prendre le maximum de forces avant de devoir affronter les frimas de l'hiver suivant.

L'influence du temps

Le réchauffement de la température permet au cheval de perdre progressivement l'épaisse toison qu'il avait revêtu l'hiver. Les chevaux couverts (à condition de ne pas être tondus) peuvent quitter leur couverture petit à petit. On commencera par l'enlever uniquement aux heures les plus chaudes, avant de la ranger définitivement. L'humidité ambiante n'est pas le climat idéal pour les chevaux, il faut donc veiller à ce qu'ils disposent d'un abri contre les intempéries, même s'ils ne l'utilisent que rarement. Les crevasses, gales de boue et autres affections liées à la pluie et à la boue, seront combattues à l'aide de pommades grasses et en veillant à sécher les membres après tout travail en milieu humide.

Le pansage

Le travail principal consiste à éliminer les poils morts qui partent en quantité en cette période de mue saisonnière. L'outil le plus utile est alors l'étrille américaine, qui fait des miracles quand il s'agit de débarrasser le cheval de son poil d'hiver (ainsi que de la boue !). S'il fait très beau, il est envisageable de doucher les chevaux vivant au box. Pour ceux qui passent la nuit au pré, mieux vaut attendre l'été.

Les membres et les pieds

Les membres, nous l'avons vu, sont souvent sensibles à l'humidité : attention aux crevasses et aux gales de boue, fréquentes en cette saison. Les pieds seront passés au goudron régulièrement, une transition vers la graisse en passant par une bonne huile ou par un onguent noir étant d'ores et déjà possible. Attention aux abcès et bleimes provoqués par le durcissement du sol en contact avec une corne trop molle !

Insectes et parasites

Ils reviennent en force ! Les premières mouches et les premiers taons font leur apparition et commencent à agacer les chevaux au pré. Les tiques aussi se réveillent, et doivent être éliminées sous peine de risquer de transmettre la terrible piroplasmose. Pour ce qui est des parasites internes, ce n'est pas le moment de les négliger ! Un vermifuge en avril (efficace contre les vers plats ou ténias), puis un vermifuge polyvalent en juin, permettront d'éliminer les adultes et leurs larves.

Les gales (parasites) et les teignes (champignons) sont fréquentes au printemps, ainsi que les poux. Il faudra les éliminer rapidement car ils causent des démangeaisons, des dépilations, et sont très contagieux.

L'alimentation

Pour le cheval au pré, la ration de foin peut être progressivement diminuée, à mesure que la quantité et la qualité de l'herbe augmentent. En général, les chevaux perdent eux-même le goût du foin au profit de la bonne herbe de printemps. Attention toutefois aux excès ! Trop d'herbe riche peut mener à la fourbure. Mieux vaut limiter l'accès à la verdure pour les animaux rustiques et sujets à l'embonpoint.

Avec les beaux jours, revient la saison des randonnées en pleine nature.

L'été

C'est la belle saison. Le temps des concours et des randonnées, mais aussi celui des vacances. Attention à ne pas négliger les chevaux pendant cette période, ils ont besoin d'autant d'attention et de soins que le reste de l'année.

L'influence du temps

L'été amène aussi son cortège de désagréments.

La chaleur est agréable... jusqu'à un certain point ! Les chevaux apprécieront de pouvoir se mettre à l'ombre aux heures les plus chaudes et un abri éloignera certains insectes. Attention aux chevaux à robes claires, qui peuvent parfois être atteints de photosensibilisation, suite par exemple à l'ingestion de certaines plantes. Leur peau réagit alors à la lumière, en particulier lorsque cette dernière est très forte comme en été. Attention aussi aux zones de peau rose (ladre) qui sont sujettes aux coups de soleil. L'application de crème solaire sur ces parties sensibles (tour des naseaux et des lèvres, bout du nez, contour des yeux...) peut éviter ce genre de désagrément. Pour aider l'animal à supporter la chaleur, on peut prendre l'habitude de le doucher aux heures chaudes. Certains chevaux prennent vite goût à ce rafraîchissement et viennent eux-mêmes se placer sous le jet d'eau froide lorsqu'on le met en marche.

Le pansage

Le pansage d'été est le moins contraignant. Le poil est court et facile à brosser, et la relative absence d'intempéries permet de panser le cheval à fond si on le souhaite, même si celui-ci vit au pré nuits et jours. Seule contrainte : débarrasser régulièrement les membres des petits œufs jaunes qui y sont déposés par les gastrophiles (voir page 80). Pour cela, l'idéal est de disposer d'un bloc de pansage (type pierre ponce) ou d'un couteau spécial.

La douche est non seulement une façon de rafraîchir le cheval, mais aussi, bien sûr, un moyen de le laver. Utiliser pour cela un shampoing spécialement adapté au poil et à la peau des équidés. L'utilisation d'un shampoing insectifuge et d'autres produits du même type (sous forme de lotions, gels, sprays, sticks...) permet d'éloigner quelque temps les insectes, très virulents en cette saison. À noter que la crinière et la queue des chevaux au pré doivent impérativement être laissées longues pour leur permettre de chasser les insectes.

Les membres et les pieds

Le sol détrempé de la mauvaise saison s'est transformé en une surface dure comme de la pierre. La poussière a remplacé la boue et les pieds sont mis à rude épreuve, en particulier lors d'un travail à allure soutenue ou en terrain varié. Une bonne hydratation est indispensable pour éviter le dessèchement de la corne, menant à des seimes

Une bonne baignade rafraîchit chevaux et cavaliers.

et à un effritement des sabots. Pour les chevaux vivant au pré, l'idéal est qu'ils disposent d'une zone humide où ils mettront régulièrement leurs pieds. Un point d'eau naturel (rivière) est parfait, mais il est possible de créer une zone de débordement en inclinant le bac à eau. Les chevaux auront alors les pieds à l'humidité dès qu'ils iront boire. Un bon onguent complétera l'hydratation de la corne, et sera de préférence passé sur pieds mouillés, une à deux fois par semaine (plus souvent si les pieds sont très secs et se fendillent). Les tendons sont très sollicités sur sol dur, et il est nécessaire d'en prendre le plus grand soin. On limitera les allures vives et les sauts au manège et à la carrière, et l'on préfèrera les sorties sur sol souple mais ferme (herbe dense, sable mouillé, etc.). Une bonne douche des membres après le travail les soulagera.

Insectes et parasites

L'été est leur saison de prédilection. Les mouches et les taons harcèlent constamment les chevaux, qui doivent pouvoir les chasser à l'aide de leur crinière (toupet inclus) et de leur queue, en se mettant tête-bêche pour profiter des crins du voisin. Les chevaux aux crins peu fournis peuvent être équipés d'un licol léger, agrémenté d'un frontal à franges chasse-mouches. Ceux qui sont particulièrement sensibles aux insectes à cause de leur peau fine (pur-sangs…) pourront porter un filet protecteur autour de la tête, éventuellement sur tout le corps. Dans les cas extrêmes, mieux vaut rentrer le cheval à l'écurie pendant la journée et ne le sortir au pré que la nuit. Les parasites internes sont également très actifs en été. On vermifugera en juillet contre les ténias, puis en août avec un vermifuge polyvalent, éventuellement de l'Ivermectine, pour lutter contre les gastrophiles. Ces derniers ne sont pas des vers, mais des insectes ressemblant à de grosses mouches rayées de jaune, qui pondent leurs œufs l'été sur les membres des chevaux. Ceux-ci sont ingérés par l'animal quand il se gratte ou se lèche, et les larves se développent alors à l'intérieur du cheval-hôte avant de ressortir dans les crottins, puis de se transformer en adulte volant. Attention aussi à la dermite estivale, qui provoque des démangeaisons au niveau de l'attache de la queue et parfois des membres. Un traitement précoce dès les premiers symptômes (cheval qui se gratte l'arrière-train) est recommandé.

L'alimentation

L'herbe verte du printemps s'assèche peu à peu et perd ses qualités nutritionnelles. Si l'on ne dispose pas de beaucoup de terrain, on constate rapidement les effets du surpâturage : prairies desséchées, herbe rase… Il faut alors donner du foin pour compenser la pauvreté des végétaux disponibles. L'idéal est de disposer de plusieurs parcelles et de procéder à un roulement, afin de permettre une bonne repousse entre deux pâturages et de limiter le piétinement des végétaux fragilisés par la sécheresse. Un apport à volonté d'eau fraîche et propre est bien entendu indispensable.

L'automne

Les jours raccourcissent. Le temps se fait plus maussade et les arbres perdent leurs feuilles. La nature se prépare progressivement à reprendre son sommeil hivernal. Pour les chevaux, c'est une saison agréable jusqu'aux premiers frimas. Leur poil reprend peu à peu du volume et devient de plus en plus isolant.

L'automne est une saison agréable pour les chevaux.

L'influence du temps

Le rafraîchissement consécutif à la fin de l'été est plutôt un soulagement pour les chevaux. Les insectes se font moins virulents et la température est plus supportable. L'arrivée des intempéries apporte cependant avec elles d'autres désagréments, qui sont similaires à ceux rencontrés au printemps : humidité et fraîcheur. Les chevaux au pré doivent pouvoir s'abriter de la pluie et du vent, grâce à un abri de prairie, à une haie, etc. Les petits soucis liés à la pluie et à la boue reviennent, et il faut surveiller l'éventuelle apparition de croûtes, dépilations et autres lésions cutanées.

Le pansage

Les chevaux au pré doivent être brossés de moins en moins souvent et profondément. Malgré l'épaississement du poil et l'arrivée de la boue, mieux vaut éviter l'étrille afin de préserver la couche de sébum protectrice. Pour les chevaux au box, la

Du beau temps sans la chaleur ni les insectes, l'automne a plusieurs avantages !

fin de l'automne est souvent le moment d'effectuer la première tonte. Le cheval devra ensuite porter une couverture plus ou moins épaisse en fonction de la température ambiante.

Les membres et les pieds

Retour à l'application de goudron sur la sole des chevaux, au pré comme à l'écurie. Attention aux fourchettes qui doivent rester saines. Doucher les membres après le travail, sans oublier de les sécher soigneusement au niveau du pli du paturon. Surveiller l'apparition de crevasses et ne pas hésiter à appliquer de la vaseline sur les zones sensibles.

Insectes et parasites

Si l'activité des insectes se calme progressivement à mesure que la température baisse, les autres parasites continuent à sévir. Attention aux poux, qui se plaisent dans un poil d'hiver de plus en plus fourni, et aux gales qui apprécient l'humidité. Vermifuger en octobre contre les ténias, puis en novembre au Fenbendazole contre les cyathostomes.

L'alimentation

Il est temps de préparer l'arriver de l'hiver. Une complémentation en vitamines, minéraux et acides gras permet de mettre le cheval en condition pour affronter les frimas. Vérifier l'état général des chevaux : il est difficile de faire grossir un cheval l'hiver. Si l'herbe n'est plus assez riche, complémenter avec du foin à volonté. Augmenter légèrement les rations des chevaux au travail afin de compenser la perte des calories utilisées pour lutter contre le froid.

L'hiver

C'est la saison de repos pour la nature. Beaucoup d'animaux hibernent et la végétation semble en faire autant. Les feuilles ont disparu des arbres et l'herbe ne pousse plus. La température baisse et les intempéries sont fréquentes.

L'influence du temps

Les chevaux supportent en général assez bien le froid sec. Selon leur rusticité, ils peuvent même parfois rester au pré tout l'hiver, sans précautions particulières. Toutefois, les chevaux de sang, les animaux âgés ou malades et les poulains nés tard dans l'année peuvent ne pas être assez résistants pour affronter le froid sans aide. Il est alors préférable de les rentrer à l'écurie la nuit et de ne les sortir qu'aux heures les moins froides, en les protégeant éventuellement d'une couverture de pré de

Les chevaux sont habituellement assez peu sensibles au froid sec.

Les poneys, comme ces haflingers, peuvent généralement vivre dehors toute l'année.

type « New Zealand » (bâche coton) ou doudoune. Les chevaux au pré doivent disposer d'un abri garni d'une litière propre et sèche. Ceux qui sont tondus porteront une couverture épaisse et chaude, et devront rester au box la nuit, à l'abri des intempéries et du gel.

Le pansage

Le poil d'hiver des chevaux restés au pré doit demeurer tel quel : on ne le tond jamais (ou alors de façon très localisée) et on le brosse très peu pour ne pas endommager sa couche d'huile protectrice. Les crins doivent rester assez fournis afin de contribuer à la lutte de l'animal contre le froid, le vent et l'humidité. Pour les chevaux hébergés à l'écurie, la tonte est possible. Elle est même préférable lorsque l'animal travaille régulièrement. En effet, la sueur le rend plus vulnérable au froid et son poil d'hiver est long à sécher. Il vaut bien mieux pour lui être tondu, afin de moins transpirer pendant l'effort et de sécher plus vite par la suite. Par contre, la tonte nécessite ensuite le port quasi constant d'une couverture d'écurie bien chaude, même dans un box clos. Le cheval tondu est facile à panser et peut être rendu aussi impeccable qu'un cheval couvert de son poil d'été.

Les membres et les pieds

Les soins des membres sont plus limités l'hiver que l'été. Le sol est généralement moins dur (sauf quand il gèle !) et sollicite moins les tendons. De plus, il faut faire très attention à bien sécher les membres après un éventuel passage au jet, le froid accentuant le risque de crevasses et gerçures. Les pieds seront passés au goudron (sole et fourchette) une fois par semaine, éventuellement bien graissés avant une sortie dans la neige

Insectes et parasites

Les insectes sont inactifs en hiver et apportent un répit bien mérité aux chevaux. En revanche, les parasites internes doivent continuer à être combattus. On administrera un vermifuge actif contre les gastrophiles (Ivermectine) au mois de décembre, puis un vermifuge polyvalent en février.

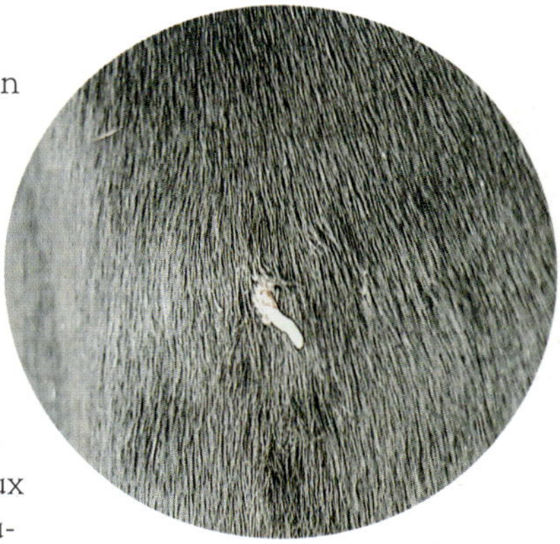

Insectes et parasites doivent être combattus toute l'année.

Attention aux poux qui adorent se multiplier sous le poil d'hiver et les couvertures. Les vieux chevaux couverts au pré sans être tondus et les animaux en mauvais état général sont particulièrement touchés. Une poudre insecticide saupoudrée généreusement sous la couverture en attendant de pouvoir utiliser une lotion (donc de mouiller l'animal) est un bon début. À noter que l'Ivermectine a également une action sur ces parasites, de même que les antiparasitaires en spray commercialisés pour les chiens et les chats.

L'alimentation

L'hiver, la végétation ne fournit qu'une alimentation pauvre et l'herbe rare ne suffit généralement pas à garder en bonne condition physique les chevaux au pré. Dans la nature, les animaux maigrissent beaucoup l'hiver et comptent surtout sur leurs réserves de l'année pour survivre, avant de se « remplumer » au printemps. Pour garder un cheval domestique en bonne condition physique, une bonne complémentation (fourrage et concentrés) est essentielle. On donnera donc du foin à volonté, complété par une quantité plus ou moins importante de grain, de granulés ou d'aliment complet floconné, selon le métabolisme et le travail fourni par l'animal. L'administration d'un mashe une fois par semaine est adoptée par de nombreux soigneurs, bien que l'intérêt réel d'un tel changement d'alimentation ne soit pas prouvé. Quoi qu'il en soit, les chevaux apprécient généralement ce « repas chaud », en particulier lorsque la température extérieure est très basse.

Les chevaux ont besoin de plus d'énergie l'hiver pour lutter efficacement contre le froid en gardant une bonne condition.

La santé du cheval

Le cheval est un animal sensible et fragile. Son soigneur doit savoir reconnaître au premier coup d'œil une baisse de forme ou une véritable urgence. Que ce soit pour lutter contre les maladies ou pour combattre les parasites, une prévention bien menée et une observation régulière permettent bien souvent d'éviter le pire.

Un cheval en bonne santé

Savoir évaluer l'état d'un cheval

Que l'on soit propriétaire, soigneur, ou simple cavalier dans un centre équestre, il est utile de savoir évaluer l'état de santé d'un cheval. Il existe divers éléments faciles à prendre en compte si l'on veut savoir si l'animal est en bonne santé. Sans aller jusqu'à une véritable auscultation, certains signes visuels permettent en effet d'avoir une idée de l'état général d'un cheval.

■ Trop gras ou trop maigre ?

Une bonne condition physique est un élément important à prendre en compte lorsque l'on se soucie de la santé d'un animal. Trop maigre, il vit sur ses réserves et risque de se retrouver affaibli, plus vulnérable aux maladies ; trop gros, il a moins de souffle, moins

L'état extérieur du cheval est un bon indicateur de santé.

d'endurance, et son cœur se fatigue plus vite. Un cheval en bonne santé a la peau bien tendue. Ses côtes se sentent aisément sans être visibles Il donne l'impression d'être tout en courbes, sans os saillants ni excès de rondeurs.

Les signes que l'animal est trop maigre sont des côtes visibles à l'œil nu, des hanches saillantes, une croupe creusée, un garrot et une colonne vertébrale proéminents, une encolure grêle et renversée. Un cheval trop gros a souvent une croupe double, on ne sent plus ses côtes et son encolure se recouvre d'un chignon de graisse.

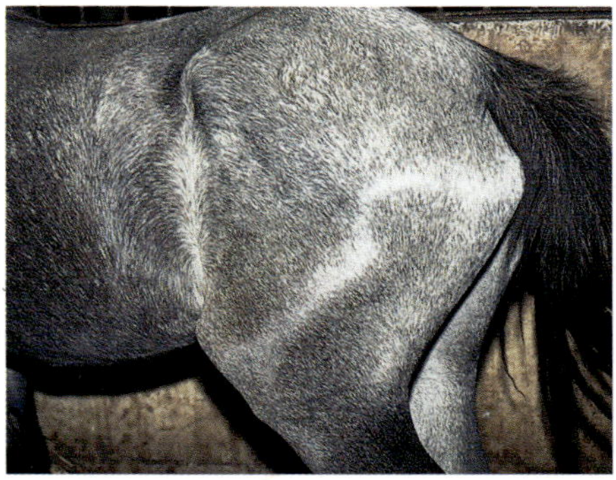

Des hanches saillantes dénotent généralement une perte de condition.

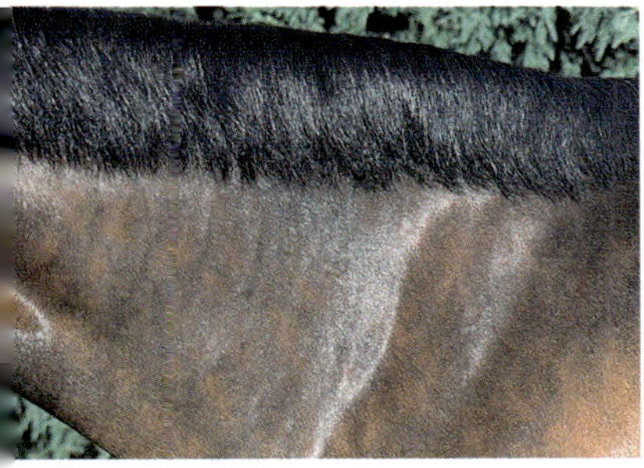

Une robe brillante est le signe d'un bon état général.

Le poil et la peau

Ce sont de bons indicateurs de la santé générale du cheval. Une peau souple, un poil brillant et épais sont des signes de bonne santé. En revanche, une peau sèche, des pellicules, un poil sec, terne et cassant, sont des indicateurs d'une carence ou d'un mauvais état général. Si l'on pince la peau entre le pouce et l'index, elle doit immédiatement retrouver sa position initiale. Si elle conserve le pli, c'est signe que l'animal est déshydraté.

Les yeux et les naseaux

Les yeux d'un cheval en parfaite santé sont brillants, son regard est éveillé et expressif. La membrane muqueuse est rosée. Des yeux qui pleurent ou qui émettent une substance blanchâtre, des yeux ternes et enfoncés dans les orbites, une membrane rouge ou recouvrant une partie de l'œil, sont le signe d'un mauvais état général. De même, les naseaux doivent être propres et détendus. S'ils coulent ou produisent une substance jaunâtre ou blanchâtre, s'ils sont constamment dilatés, c'est que l'animal a un problème de santé.

Les yeux du cheval en bonne santé sont brillants et ne coulent pas.

L'attitude générale

Lorsque le cheval est en bonne santé, son attitude est détendue mais éveillée. Il se couche pendant des périodes relativement courtes et se secoue énergiquement lorsqu'il s'est roulé. Debout, il garde une position

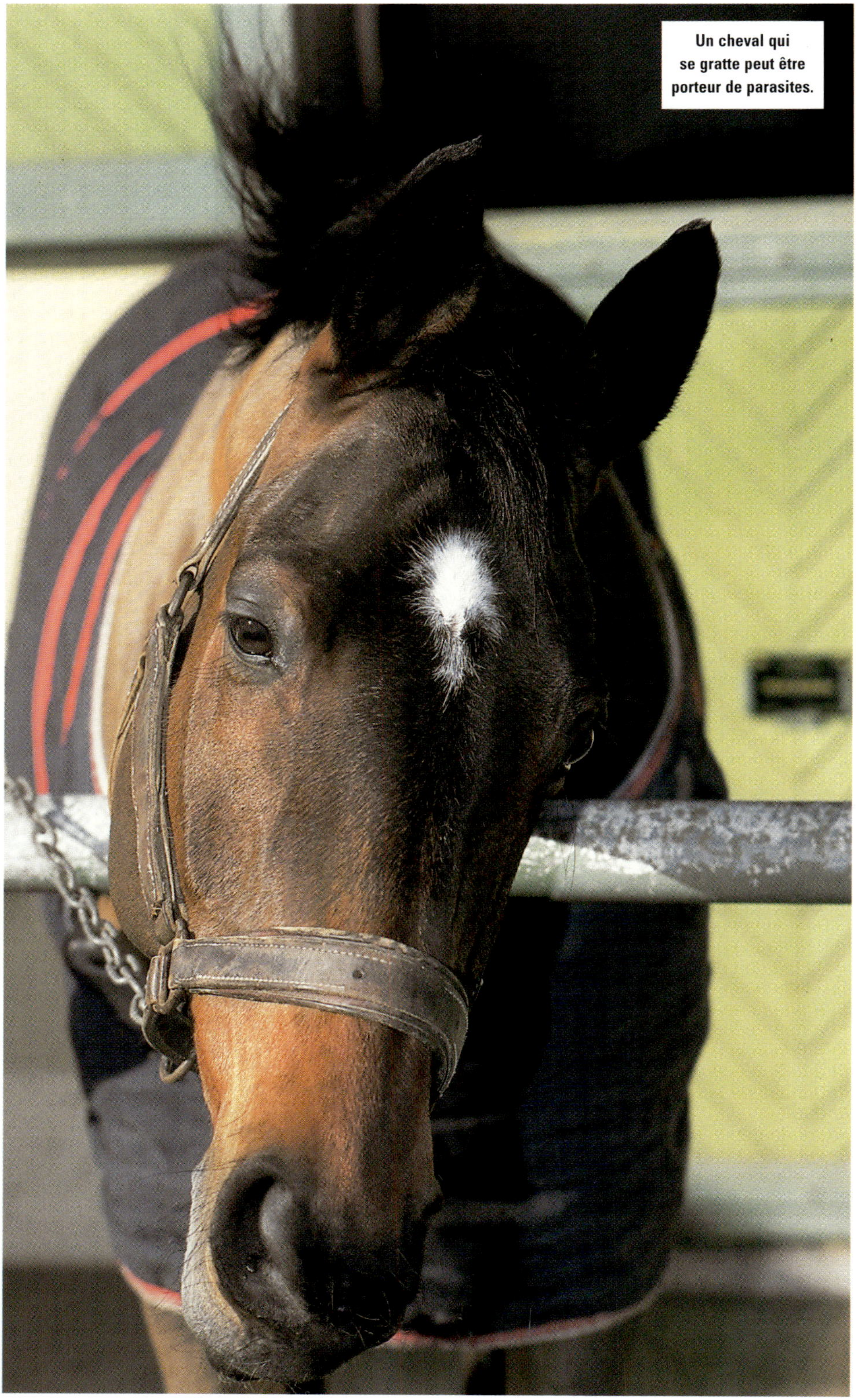

Un cheval qui se gratte peut être porteur de parasites.

naturelle, les quatre membres reposant au sol ou l'un d'entre eux au repos. Il réagit au monde extérieur et répond aux sollicitations de son soigneur. Un animal qui reste couché en permanence, qui ne se lève pas quand on approche ou qui reste prostré dans son box, est probablement malade. S'il garde la tête basse, la queue plaquée et qu'il reste abattu, il a peut-être de la fièvre. S'il se roule souvent, frappe le sol d'un antérieur, se regarde le ventre d'un air inquiet, c'est le signe d'une colique. S'il prend une position campée, il fait peut-être une fourbure.

Sa santé en chiffres

Pouls : de 28 à 48 pulsations par minute
Respiration : de 6 à 18 inhalations par minute
Température rectale : entre 37,4 et 38,4 °C
Volume sanguin : 25 à 45 litres environ (selon la taille de l'animal)
Temps de coagulation du sang : de 10 à 15 minutes

Les signes vitaux

À moins qu'il vienne de produire un effort important (galop, saut...), un cheval au repos reste détendu, respire calmement et ne transpire pas ou peu (s'il fait chaud). Un cheval qui transpire abondamment sans raison apparente, ou dont la respiration est rapide ou saccadée, doit être examiné avec soin.

Les membres et les pieds

Les membres sont très souvent sujets à des atteintes, tandis que les pieds peuvent s'infecter ou se blesser (voir le chapitre les concernant pages 60-75). Un membre sain est dépourvu de bosses, ses articulations et ses tendons étant bien définis, la température du cheval est constante. Un membre chaud ou enflé est le signe d'une infection (ou d'une lymphangite).

Un cheval en bonne santé est vif, éveillé, sans toutefois être agité.

L'appétit

Un cheval qui mange de bon appétit est généralement en bonne santé. S'il refuse de s'alimenter ou, pire, de s'abreuver, c'est le signe que quelque chose ne va pas. Un cheval qui recrache une partie de sa nourriture lorsqu'il la mâche a probablement des problèmes dentaires.

L'urine et les crottins

Les crottins d'un cheval en bonne santé sont fermes et bien moulés, ses urines relativement pâles. Des crottins mous ou liquides, à l'odeur nauséabonde ou au contraire trop secs, dénotent un problème. De même, des urines rouges ou sombres ne sont pas normales.

Il est utile d'examiner régulièrement l'urine et le crottin.

En attendant le vétérinaire

En cas d'accident ou de maladie, mieux vaut savoir bien réagir avant l'arrivée du vétérinaire. Quelques connaissances de base permettent de prendre des mesures utiles qui font économiser un temps précieux au spécialiste à son arrivée et peuvent même parfois permettre de sauver l'animal.

Quand faut-il appeler le vétérinaire ?

S'il est important d'appeler le vétérinaire le plus vite possible en cas d'urgence, il est utile de savoir reconnaître les cas bénins afin de les traiter soi-même et d'éviter de déranger un professionnel pour rien. Une petite atteinte peut par exemple être soignée par le propriétaire (ou le soigneur) de l'animal, s'il possède une trousse de pharmacie correctement constituée

Il vaut toujours mieux faire venir le vétérinaire pour une fausse alerte que de risquer d'ignorer un problème grave.

(voir pages 94-97) et un minimum de connaissances pratiques. De même, la présence de parasites externes (poux, tiques) ne nécessite pas nécessairement l'intervention du vétérinaire, qui délivrera généralement les produits traitants au propriétaire sur simple description des symptômes.

D'autre part, si certaines interventions sont très urgentes (cas de coliques, blessure grave...), d'autres le sont moins, même si elles nécessitent tout de même la venue du vétérinaire (maladie de peau, par exemple). Le propriétaire doit donc être capable d'évaluer la situation et de donner au vétérinaire toutes les indications nécessaires pour un diagnostic rapide.

En bref, on considérera comme urgents des cas tels qu'une blessure saignant abondamment ou une blessure conséquente sur un animal non vacciné contre le tétanos (en particulier due à du fil de fer barbelé), une suspicion de colique, d'occlusion, de fourbure ou d'une autre maladie grave, le refus soudain de s'alimenter et de s'abreuver, une boiterie à « patte cassée » (le cheval ne pose plus le pied par terre). On appellera également le vétérinaire, mais sans qu'il y ait urgence, si l'animal boite depuis quelques jours, si ses membres sont enflés (lymphangite), s'il présente les premiers symptômes d'une maladie de peau, s'il boude sa nourriture ou s'il semble abattu.

Les indicateurs

L'état du cheval peut parfois être trompeur. Dans le doute, mieux vaut consulter un spécialiste.

Une fois la décision prise d'appeler le vétérinaire, il est important de savoir décrire correctement les symptômes au téléphone. Le vétérinaire voudra savoir s'il est en présence d'une véritable urgence : il n'a pas le don d'ubiquité et sa présence auprès d'un animal signifie qu'il n'est pas disponible pour un autre cas. Il faut donc impérativement qu'il puisse établir rapidement son ordre de priorités afin de ne pas négliger un cas d'extrême urgence au profit d'un autre cas, moins grave ou moins urgent.

Ce qui peut paraître très inquiétant à un propriétaire (surtout novice) s'avère parfois être assez bénin et seul le vétérinaire, au vu ou à l'écoute des symptômes, peut déterminer à coup sûr si oui ou non il y a urgence.

Avant d'appeler, il est donc sage de bien observer l'animal : quelle est son attitude générale ? Depuis combien de temps présente-t-il les symptômes ? S'il s'agit d'une lésion ou d'une blessure, où est-elle localisée ? Quel est son aspect ? L'animal a-t-il de la fièvre ? Sa respiration est-elle normale ? Est-il abattu ou au contraire agité ? Toutes ces informations seront précieuses au spécialiste avant qu'il se déplace. Certains détails apparemment sans importance peuvent même lui être précieux.

Que faire avant l'arrivée du vétérinaire

Tout dépend de la nature de la blessure ou des symptômes que présente l'animal. En cas de blessure profonde, il est important en premier lieu d'arrêter l'hémorragie. Un garrot entre le cœur et la blessure, si celle-ci est située sur un membre ou un point de compression peuvent permettre de stopper l'afflux de sang. Si les saignements ne sont pas très abondants, on peut nettoyer la plaie (au jet d'eau par exemple) pour la rendre plus facilement évaluable et limiter les risques d'infection. Dans tous les cas, mieux vaut garder le cheval au calme et le plus immobile possible.

Si l'on soupçonne une colique, il faut tenter de calmer le cheval et de le faire marcher au pas jusqu'à l'arrivée du vétérinaire. Si c'est une fourbure ou une lymphangite, des douches froides sur les membres atteints peuvent atténuer les symptômes.

La trousse de premier secours

Une bonne pharmacie comporte, d'une part du matériel de base et des pansements, d'autre part des produits vétérinaires ou pharmaceutiques.

Le matériel de base

Le matériel indispensable se compose au minimum de ciseaux, éventuellement d'une tondeuse, qui serviront à dégager les plaies des poils et des crins qui l'entourent et risque de la souiller, et à découper bandes et compresses. Un thermomètre (auquel il est utile d'attacher une ficelle pour pouvoir le récupérer facilement) permet de prendre la température de l'animal en cas de doute ou en attendant le vétérinaire. De même, un stéthoscope peut permettre de gagner du temps avant l'arrivée du vétérinaire. Un seau propre, réservé exclusivement aux soins, évitera de devoir en dénicher un

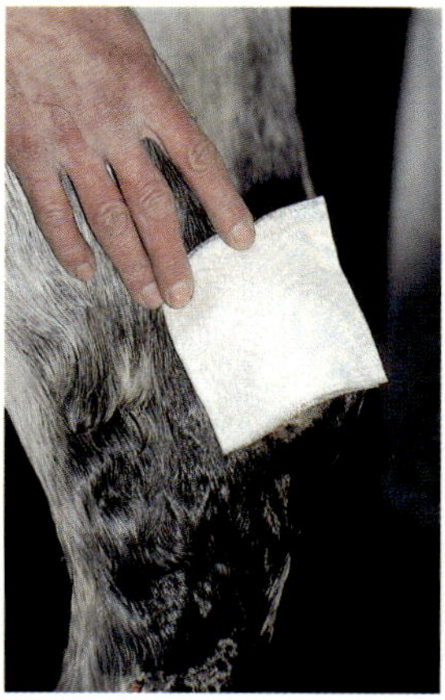

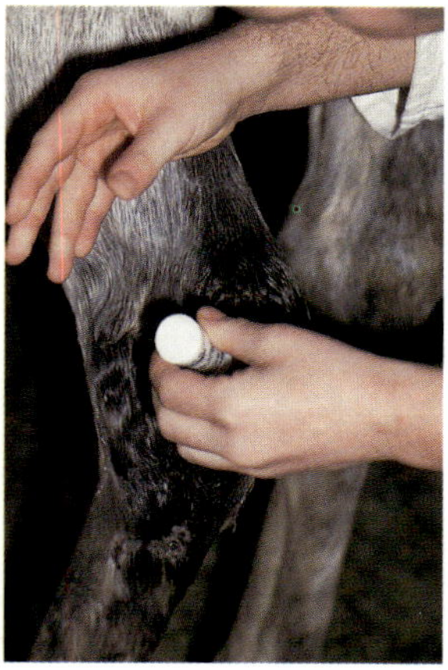

Le propriétaire ou le gardien d'équidés doit savoir traiter lui-même les « petits bobos ».

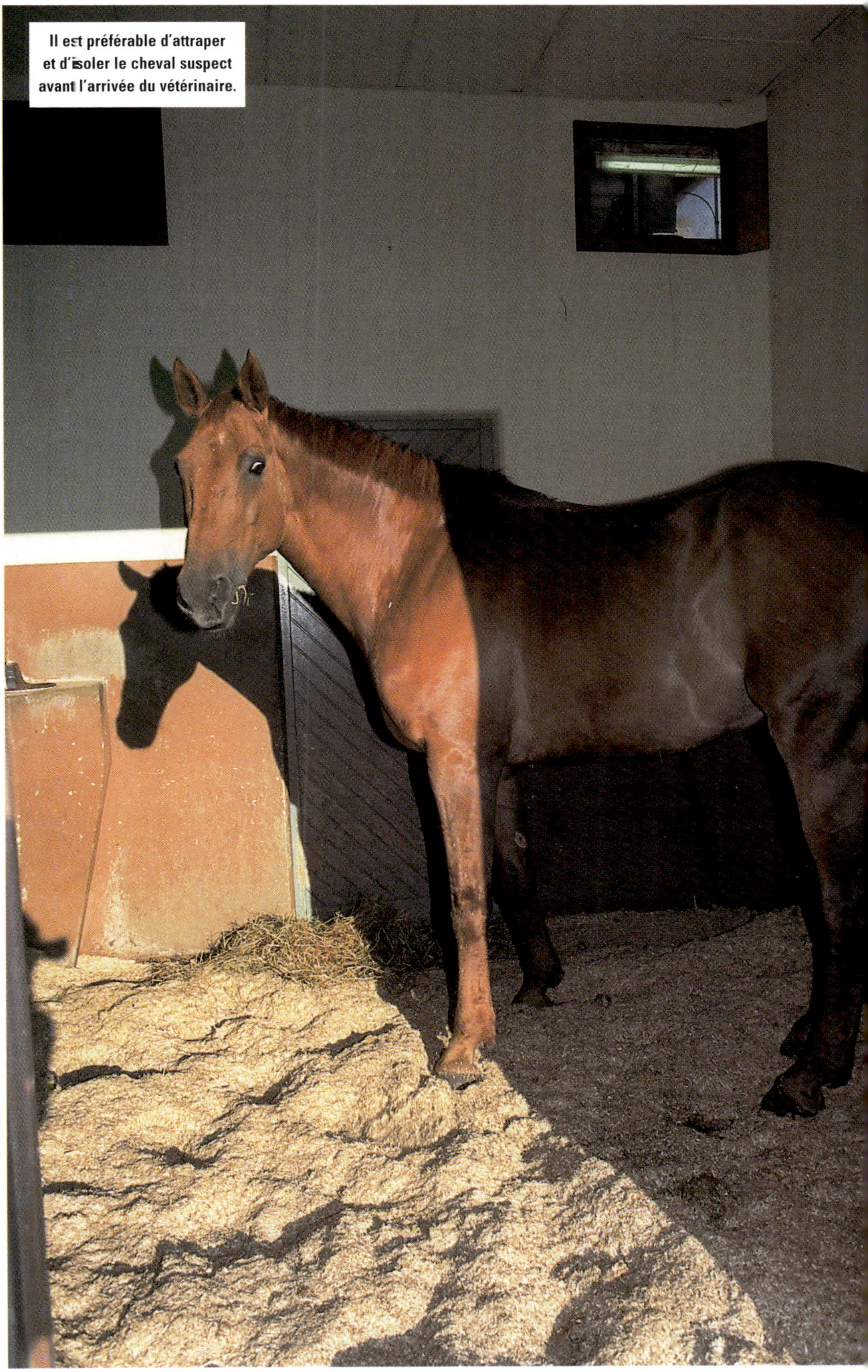

Il est préférable d'attraper et d'isoler le cheval suspect avant l'arrivée du vétérinaire.

et le désinfecter en cas de besoin. Un tord-nez peut être utile dans certains cas, ainsi que divers instruments (panier, bavette, collier de bois...) servant dans des cas particuliers. Des bandes de repos et des sous-bandes (cotons) imprégnables sont un complément utile.

Il peut être nécessaire de faire une injection en attendant l'arrivée du vétérinaire. Il est alors utile de disposer de seringues et d'aiguilles (à usage unique), à condition bien sûr d'être en mesure de réaliser ladite injection. Seules les intramusculaires et les sous-cutanées peuvent être effectuées par le soigneur ou le propriétaire, après avoir observé avec attention la marche à suivre. Les injections intraveineuses sont très délicates et doivent être réservées au spécialiste. Mal réalisées, elles peuvent en effet causer de très graves problèmes.

Les plaies et les soins courants demandent de disposer d'un bon stock de pansements. De la gaze et des compresses stériles (elles ne le sont plus dès que le paquet est resté ouvert quelque temps !) serviront à recouvrir les plaies avant d'apposer une bande. Des bandes de diverses tailles et qualités maintiennent les compresses en place : velpeau, élastiques (type auto-aggripant Vetrap), autocollantes (type Elastoplast). Du coton servira à appliquer divers produits (antiseptiques notamment) sur les plaies peu ouvertes, ainsi qu'à désinfecter à l'alcool le siège d'une injection.

Les produits vétérinaires ou pharmaceutiques

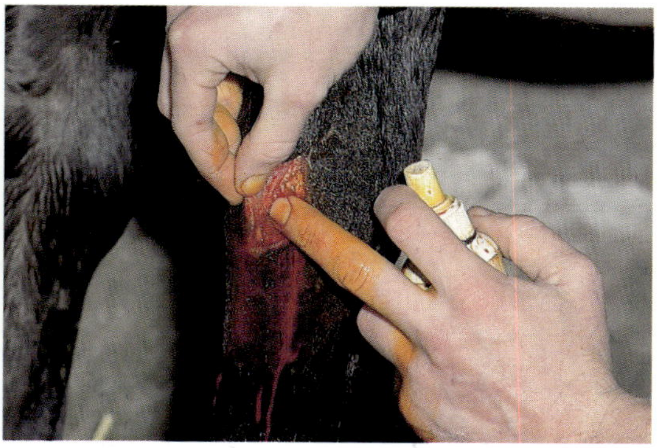

Une fois nettoyées et désinfectées, certaines plaies profondes doivent être suturées.

✓ *Soigner les plaies*

Les antiseptiques, sous toutes leurs formes, sont les plus fréquemment utilisés et sont adaptés à différents cas. Les sprays à base de violet de gentiane sont très pratiques, car ils permettent une désinfection à distance. Leur bruit peut toutefois effrayer le cheval et leur couleur n'en fait pas l'antiseptique le plus discret, en particulier sur les zones claires de la robe. Même chose pour les sprays de poudre d'aluminium, qui ne doivent être utilisés que sur une plaie nette et propre. De l'eau oxygénée servira en cas de plaie profonde, tandis que la teinture d'iode en solution est idéale pour les plaies plus superficielles. Avant la désinfection, les plaies souillées et les mains du soigneur seront méticuleusement nettoyées à l'aide de sérum physiologique stérile ou d'un savon iodé. Une pommade antiseptique peut avantageusement être appliquée sur les plaies peu profondes qui ne peuvent pas ou ne doivent pas être recouvertes, tandis qu'une poudre antiseptique aura l'avantage d'assécher la plaie restée à l'air. L'alcool, lui, servira à la désinfection du matériel et du lieu d'une injection.

✓ *Soigner les crevasses et la gale de boue*

En cas de crevasses ou de gale de boue, il existe diverses pommades grasses, souvent à base de souffre, à appliquer généreusement sur les zones desséchées, après avoir enlevé les croûtes les plus importantes. Une pommade anti-inflammatoire per-

L'eau blanche sous les bandes de repos permet de lutter contre les engorgements.

mettra d'apaiser la douleur due à un traumatisme sans plaie (contusion) ou si un tendon a souffert. Toujours pour les membres, de l'« eau blanche » combattra les engorgements. On en imbibe les cotons avant de mettre les bandes de repos. L'argile ou la poudre armoricaine luttent efficacement contre les « poteaux » sur des membres fatigués.

✓ *Soigner les pieds*

Les pieds sont eux aussi sujets à des affections plus ou moins graves. Outre le goudron qui, appliqué régulièrement, assèche la corne et évite la pourriture de la fourchette, il existe des produits en petites burettes, à appliquer dans les lacunes. Si le mal s'est déjà déclaré, c'est la liqueur de Villatte qui, imbibée dans du coton que l'on applique dans les lacunes de la fourchette et les éventuels trous de la sole et des talons, permettra de le traiter.

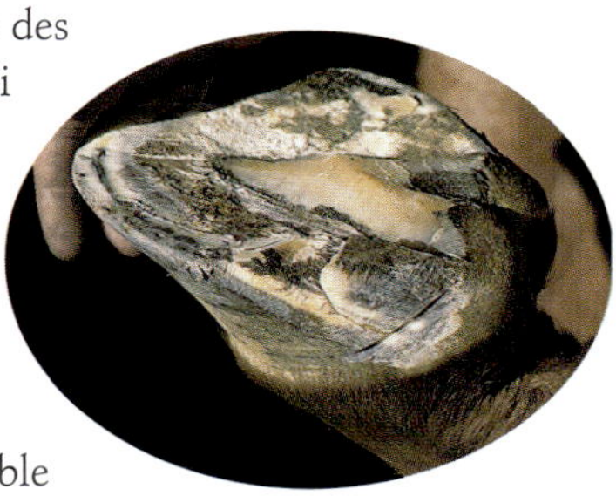

Des pieds abîmés doivent être traités avec le plus grand soin.

✓ *Les antitétaniques et les antispasmodiques*

En cas de vilaine blessure souillée, il peut être préférable d'injecter au cheval un sérum antitétanique, disponible sur ordonnance. Le vétérinaire peut également prescrire un antispasmodique doux pour traiter les premiers symptômes d'une colique.

✓ *Éliminer les parasites*

Enfin, une bonne pharmacie comprend en général un ou plusieurs antiparasitaires, destinés aux parasites internes et externes du cheval.

Un protocole complet d'élimination des parasites doit être mis en place dès le premier âge.

Les vaccins

Comme tous les animaux, les chevaux sont parfois sujets à des maladies dont certaines sont très graves. La recherche scientifique a permis d'élaborer des vaccins qui protègent l'organisme contre certaines de ces maladies. Un vaccin s'administre par injection, et nécessite des rappels réguliers pour rester efficace.
En général, la première vaccination (primo-vaccination) consiste en deux injections, réalisées à un mois d'intervalle. Il faut ensuite procéder à une injection de rappel après six mois (grippe) ou un an (tétanos), puis à un rappel chaque année (tous les trois ans pour le tétanos). La rage ne nécessite qu'une injection par an, même si l'animal n'a jamais été vacciné.

Ce sont les chevaux qui vivent en groupe qui sont les plus sensibles en cas d'épidémie.

Les principales maladies concernées

Le tétanos

Maladie très grave (souvent mortelle) et très facile à contracter pour l'animal, le tétanos est pourtant parfaitement couvert par un protocole raisonné de vaccination. Correctement vacciné et à jour de ses rappels, l'animal est protégé à 100 % contre cette terrible maladie.

Les poulains peuvent être vaccinés dès l'âge de trois mois (cinq s'ils sont issus d'une jument déjà vaccinée). La primo-vaccination consiste en deux injections à un mois d'intervalle. On effectue ensuite un premier rappel au bout d'un an, puis des rappels tous les trois ans.

Calendrier de vaccination et de vermifugation

En suivant les diverses recommandations des vétérinaires et des fabricants, nous avons élaboré le calendrier qui suit (sur cinq ans), et qui ne constitue qu'un exemple.

Première année
janvier : Primo-vaccination grippe, tétanos, rhino-pneumonie
février : Vermifuge polyvalent, deuxième injection grippe, tétanos, rhino-pneumonie. Primo-vaccination rage
avril : Double dose de Strongid contre les taenias
juin : Vermifuge polyvalent
juillet : Double dose de Strongid contre les taenias
août : Vermifuge polyvalent
octobre : Double dose de Strongid contre les taenias
novembre : Fenbendazole contre les cyathostomes (Panacur). Premier rappel grippe
décembre : Ivermectine contre les gastrophiles (Eqvalan par exemple)

Deuxième année
Même protocole de vermifugation
février : Rappel annuel rhino-pneumonie, rage. Premier rappel tétanos
novembre : Rappel annuel grippe

Troisième et quatrième années
Même protocole de vermifugation
février : Rappel annuel rhino-pneumonie, rage
novembre : Rappel annuel grippe

Cinquième année
Même protocole de vermifugation
février : Rappel annuel rhino-pneumonie, rage. Rappel tétanos
novembre : Rappel annuel grippe

Le choix du vermifuge polyvalent peut varier à chaque utilisation ou simplement d'une année sur l'autre.

La grippe

Elle est très fréquente et très contagieuse. La vaccination contre la grippe équine est obligatoire pour tous les chevaux participant à de quelconques manifestations ou rassemblements. C'est une maladie grave, qui exclue l'animal atteint de toute compétition pendant une longue période. Il est donc sage de vacciner les chevaux amenés à fréquenter d'autres animaux régulièrement, d'autant plus que les vaccins sont à présent sans danger et très efficaces.

On vaccine les poulains à partir de cinq ou six mois (deux injections espacées de plus de trois semaines et de moins de trois mois), puis on effectue un premier rappel six mois plus tard. Les rappels suivants sont administrés tous les ans (tous les six mois en cas de risque particulièrement important).

La rhinopneumonie équine

Les maladies respiratoires sont assez courantes chez le cheval.

Cette maladie assez peu connue a pourtant été à l'origine d'une véritable hécatombe il y a une quinzaine d'années. C'est elle, en effet, qui a décimé les lipizzans de l'école Espagnole de Vienne au printemps 1983. C'est à l'automne de cette même année que le vaccin a commencé à être commercialisé en France, où il est largement utilisé. Le virus qui cause cette terrible maladie est en effet très commun, y compris dans notre pays.

Il cause notamment de nombreux avortements, ce qui en fait l'ennemi des élevages, où il se répand comme une traînée de poudre. Outre les avortements, la maladie présente également une forme nerveuse qui affecte les chevaux de tous âges et sexes, dont bien entendu les poulinières qui ont avorté. Cette forme de la maladie peut être mortelle.

La vaccination ne constitue pas une protection à 100 % contre les formes respiratoires de la rhinopneumonie équine, mais elle en atténue considérablement les symptômes et prévient efficacement les avortements chez les poulinières.

Le protocole de vaccination est le même que pour la grippe : une primo-vaccination constituée de deux injections effectuées à un mois d'intervalle, puis un premier rappel six mois après la deuxième injection. Les rappels suivants se font tous les ans. Pour les poulinières gestantes, on pratique une première injection au premier mois de gestation, suivie par de nouvelles doses aux cinquième, septième et neuvième mois de gestation. Les trois dernières injections sont renouvelées à chaque gestation.

La rage

C'est une zoonose, c'est-à-dire qu'il s'agit d'une maladie transmissible à l'homme. Elle est très rare chez le cheval, mais c'est une maladie mortelle. En France, la vaccination contre la rage est soumise à des réglementations très strictes. Elle est fortement recommandée pour les animaux vivant ou séjournant dans un département atteint et elle est obligatoire pour les animaux présentés à un concours ou à une manifestation dans un département atteint, ou sans limitation de zone si eux-mêmes proviennent d'un département atteint.

Les poulains issus de mères non vaccinées peuvent recevoir leur première injection à partir de l'âge de deux mois (quatre mois si la mère est vaccinée) ; on effectue ensuite un rappel dans l'année. Pour les chevaux adultes, les rappels se font annuellement.

Les poulains peuvent recevoir leurs premières injections dès l'âge de deux mois.

Les parasites

Les chevaux sont des animaux très souvent sujets au parasitisme. En fait, on considère qu'ils sont tous plus ou moins parasités par des parasites externes ou/et par des parasites internes. Ces parasites vivent aux dépens du cheval, qui leur sert d'hôte pendant tout ou partie de leur développement. Ils contaminent le cheval lorsqu'il broute l'herbe, mange du fourrage infesté, boit de l'eau souillée ou lèche les murs ou le sol de son box (parasites internes), ou tout simplement lorsqu'il côtoie un animal ou un environnement infesté (parasites externes). Ces parasites affaiblissent le cheval, l'incommodent (poux, oxyures), et peuvent, dans certains cas, lui transmettre de graves maladies (tiques) ou lui causer des dommages irréparables allant jusqu'à entraîner la mort (strongles). Les parasites internes sont également très souvent à l'origine de graves coliques.

Les parasites internes peuvent être ingérés par le cheval qui boit une eau souillée...

Les parasites internes

Il est recommandé d'utiliser un vermifuge plusieurs fois par an (environ tous les deux ou trois mois), en alternant les principes actifs. On lutte ainsi activement contre les différents types de parasites intestinaux, sans risquer de créer d'accoutumance à un produit donné. En cas de problème important ou de doute sur la nature de l'infestation, une analyse des crottins permettra de déterminer à coup sûr le traitement approprié. Il est en outre utile de connaître le cycle d'évolution des différents parasites afin de choisir le vermifuge idéal selon la saison (voir encadré ci-contre).

... ou par l'intermédiaire d'une herbe contaminée.

Les parasites externes

Ils ne sont pas aussi courants chez le cheval que chez le chien et le chat, mais les gales et les poux ne sont pas si rares, et les tiques, parfois porteuses de piroplasmose, attaquent aussi les équidés. La sortie de l'hiver est une période particulièrement propice à l'apparition des poux, qui ont profité du poil d'hiver et des couvertures pour proliférer. Les gales apparaissent également souvent au printemps, au moment de la perte des poils, ce qui explique qu'elles sont parfois ignorées quelque temps justement en raison de cette mue « normale ».

Un produit liquide à diluer permet de lutter contre ces vilaines petites bêtes. Les poudres ne sont malheureusement pas très efficaces contre les poux, à moins éventuellement de les pulvériser sous une couverture qui les maintient sous le poil, en contact avec les parasites. Enfin, les sprays pour chiens et chats ont une action intéressante contre les poux du cheval et contre les tiques. En revanche, il ne faut pas compter les faire durer : contrairement au chien et au chat, le cheval transpire et élimine rapidement tout produit déposé sur sa peau. Certains vermifuges (dont le principe actif est l'ivermectine) agissent également, en complément, sur les parasites externes (poux).

Les vermifuges

Les vermifuges sont tous assez polyvalents, cependant ils n'éliminent pas la totalité des parasites internes. Selon leurs spécificités, il faut savoir les utiliser à certaines périodes plutôt qu'à d'autres.

De plus, si beaucoup de propriétaires français ne vermifugent encore leurs chevaux qu'une ou deux fois par an, les autres pays suivent des protocoles bien plus complets et adaptés, conseillant en général un vermifuge toutes les 6 à 8 semaines selon les cas, sachant que l'été et l'automne sont les périodes les plus propices au développement des parasites.

Cycle et localisation des différents parasites internes

Les « vers » sont des parasites au cycle de reproduction complexe. Très prolifiques, ils peuvent pondre des centaines de milliers d'œufs par jour, dans l'intestin du cheval. Ceux-ci se transforment en larves dans le milieu extérieur, lesquelles sont à nouveau ingérées par l'animal. C'est à l'intérieur de leur hôte que ces vers poursuivront leur développement, jusqu'à l'âge adulte où ils pourront à leur tour se reproduire. Les oxyures, ascaris et strongyloïdes sont particulièrement fréquents chez les chevaux en box, les strongles et les gastrophiles (qui sont des larves d'insectes et non des vers à proprement parler) affectant principalement ceux qui vivent au pré.

Les parasites se retrouvent dans différentes régions du corps du cheval au cours de leur développement, les larves des différents strongles pouvant se retrouver dans tout le corps :

Poumon : larves d'ascaris *(Parascaris equorum)* et de strongyloïdes *(Strongyloïdes westeri)*
Foie : larves de strongles *(Strongylus equinus)*
Pancréas : larves de strongles *(Strongylus edentatus)*
Paroi artérielle : larves de strongles *(Strongylus vulgaris)*
Estomac, duodenum : *Tricostrongylus axei* adultes, larves de gastrophiles
Intestin grêle : larves de strongyloïdes *(Strongyloïdes westeri)*, d'ascaris et de trichonema
Gros intestin, caecum : strongles (adultes et larves)
Gros intestin, rectum : oxyures (adultes et larves)

Accidents et maladies

Blessures et atteintes

Les chevaux et poneys sont souvent sujets aux blessures, en particulier au niveau des membres (atteintes). Dans certains cas, à cause par exemple d'un défaut d'aplombs ou d'allures défectueuses, les blessures sont répétitives. On doit alors envisager de faire porter à l'animal des protections adaptées sur les membres concernés (protège-boulets, guêtres, cloches…).

La plupart du temps, ces blessures sont sans gravité et, si elles nécessitent une attention rapide, elles peuvent être soignées sans l'intervention du vétérinaire. L'injection d'un sérum antitétanique est cependant recommandée dès que la plaie est ouverte ou causée par un objet douteux (barbelé, ferraille…).

Les chevaux de sport sont souvent sujets à des atteintes diverses.

Les atteintes aux membres

Elles sont souvent causées par un autre membre, parfois par un élément extérieur (clôture, branches, etc.). Le plus souvent, il s'agit de petites blessures peu profondes. Dans le cas d'une simple écorchure, le mieux est de nettoyer la plaie à l'eau et au savon, puis de la désinfecter par précaution. Une plaie plus profonde pourra être lavée à grande eau (au jet sans trop de pression), avant d'être recouverte d'un produit antiseptique (spray, poudre).

Les genoux couronnés

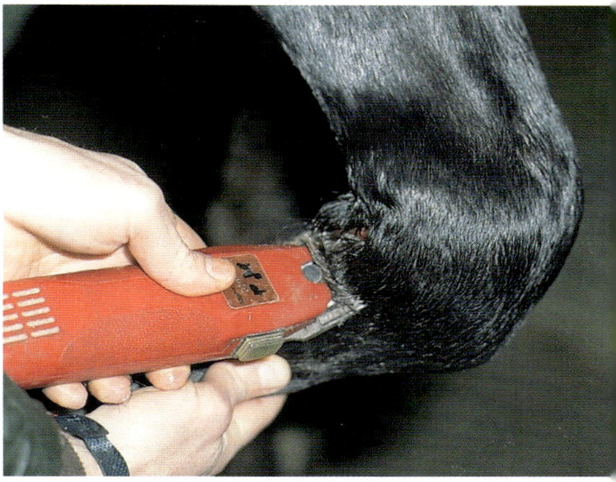

Il est préférable de dégager le poil autour d'une plaie pour limiter les risques d'infection.

Suite à une chute sur terrain dur, il peut arriver que le cheval se « couronne » un genou ou les deux. La plaie est généralement sans gravité, mais elle est parfois suffisamment profonde pour laisser des marques indélébiles (léger creux, poil qui repousse blanc), qui peuvent être considérées comme dépréciatives en cas de vente de l'animal. En effet, certains chevaux butent souvent en raison de troubles circulatoires ou d'allures trop rasantes.

À moins que l'articulation soit touchée (écoulement de liquide synovial), on soigne un genou couronné de la même façon que toute autre atteinte, après avoir coupé, le cas échéant, les lambeaux de peau entourant la plaie.

Un harnachement correctement ajusté permet de limiter les risques de blessures.

Les plaies de harnachement

Elles sont dues au contact d'une partie du harnachement, le plus souvent la selle (plaie de garrot) ou la sangle. Il en existe de différentes natures : les blessures par frottement sont les plus courantes, mais il existe aussi des plaies par pression et des réactions inflammatoires, souvent consécutives à une plaie pas ou mal traitée (mal de garrot). Elles sont particulièrement fréquentes chez les chevaux à la peau fine (pur-sangs).

✓ *Le passage de sangle*

Dans le cas d'une blessure par frottement située au niveau du passage de sangle, on peut agir de différentes façons. La prévention est bien entendu la meilleure solution : port d'une sangle souple, propre et bien entretenue, éventuellement recouverte d'un protège-sangle en mouton ou en caoutchouc, et pansage minutieux du cheval avant de le seller. Il est également recommandé d'étirer un

Tapis de selle, pad de garrot et amortisseur de dos protègent le dos du cheval des chocs et des frottements de la selle.

antérieur du cheval vers l'avant après l'avoir sanglé, afin d'éliminer les plis de peau sous la sangle, souvent à l'origine de lésions.

Si le mal est déjà fait, il faut éviter de sangler l'animal jusqu'à guérison complète. Dans les cas les moins avancés, on peut éventuellement sangler avec un protège-sangle (l'idéal étant de recouvrir la sangle d'une chambre à air), après avoir recouvert la plaie d'une pommade grasse (vaseline).

✓ *Les plaies de garrot*

Elles sont plus ennuyeuses. Rapides à apparaître, elles sont souvent très longues à guérir et nécessitent la mise au repos immédiate de l'animal pendant la durée de la cicatrisation. Non traitée, une plaie de garrot ne fait qu'empirer et évolue en une inflammation chronique qui peut se compliquer en s'étendant aux os et aux muscles. On assiste alors à l'apparition de fistules, par lesquelles s'écoulent du pus et des débris nécrosés. Dans ces cas extrêmes, un traitement chirurgical s'impose : il faut enlever l'ensemble des tissus nécrosés. Ces graves ennuis sont facilement évités si l'on s'assure que la selle correspond bien à la morphologie du cheval (notamment qu'elle est suffisamment dégarrotée), et que l'on prend la précaution de protéger les zones sensibles par un pad ou un gros tapis en feutre. Le cavalier veillera à bien dégarroter son tapis de selle avant de monter et passera la main sur le garrot de son cheval avant et après le travail afin de déceler dès leur apparition une bosse ou un échauffement. La mise au repos de l'animal dès les premiers symptômes permet d'éviter l'évolution vers une inflammation généralisée qui peut parfois être fatale. On traite une petite plaie de garrot de la même façon qu'une atteinte : nettoyage et désinfection de la plaie (poudre ou pommade antiseptique). Un cheval qui a déjà eu une ou plusieurs plaies de garrot présente des taches cicatricielles blanches à cet endroit.

Les blessures dues aux barbelés

On ne le dira jamais assez, les barbelés ne forment pas une clôture qui convient aux chevaux. Vifs, impulsifs et parfois tout simplement maladroits, ces derniers ont tendance à ne pas respecter les clôtures peu visibles et non électrifiées. Nombre

Les clôtures en fil de fer barbelé sont à proscrire lorsque l'on héberge des chevaux.

Reconnaître une urgence

L'observation attentive et régulière du cheval permet de constater le moindre changement suspect et de réagir à temps en cas d'urgence. Le propriétaire d'équidés doit être en mesure de reconnaître les signes d'urgence dès les premiers symptômes, afin d'éviter à son animal des souffrances inutiles et de lui donner les meilleures chances de se sortir d'une situation critique. Certains symptômes facilement repérables nécessitent une action immédiate :
– Le cheval se regarde les flancs, frappe furieusement le sol d'un antérieur. Il se roule souvent mais ne s'ébroue pas en se relevant. Sa respiration est rapide et il est en sueur. Ces symptômes apparaissent souvent après un repas ou après l'absorption de liquide (eau glacée) et sont annonciateurs d'une colique.
– Après ou pendant un repas, l'animal tousse et semble prostré. Du liquide s'écoule de ses naseaux et de sa bouche. Le cheval refuse toute nourriture et boisson. C'est probablement une occlusion œsophagienne, causée par un « bouchon » d'aliments.
– Le cheval se tient en position campée, les antérieurs étendus vers l'avant pour soulager ses sabots. Parfois, les postérieurs sont également atteints et l'animal semble vouloir s'asseoir. Il refuse de bouger et tout déplacement forcé semble lui demander un effort important et le faire souffrir. Ces symptômes apparaissent généralement chez des poneys et chevaux très gras, parfois peu après un repas trop riche (cheval échappé dans un champ de luzerne ou retrouvé la tête dans le bac d'aliment) ; ils signalent une fourbure.
Outre ces cas particuliers, il convient d'appeler rapidement le vétérinaire si le cheval a une blessure profonde (en particulier en cas d'hémorragie), s'il reste couché et refuse de se lever, s'il refuse toute nourriture ou boisson.

Un cheval qui refuse de se lever ou qui en semble incapable doit être vu rapidement par le vétérinaire.

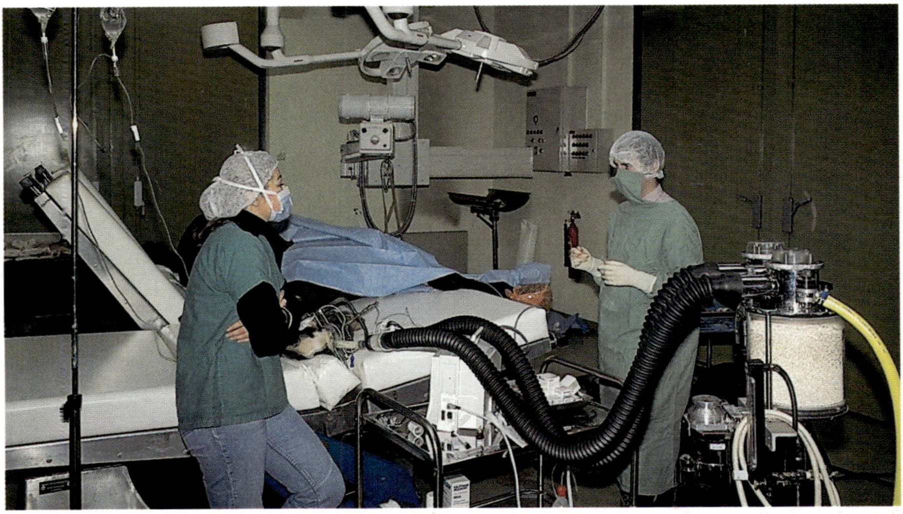

Une action rapide peut parfois permettre de sauver la vie à l'animal.

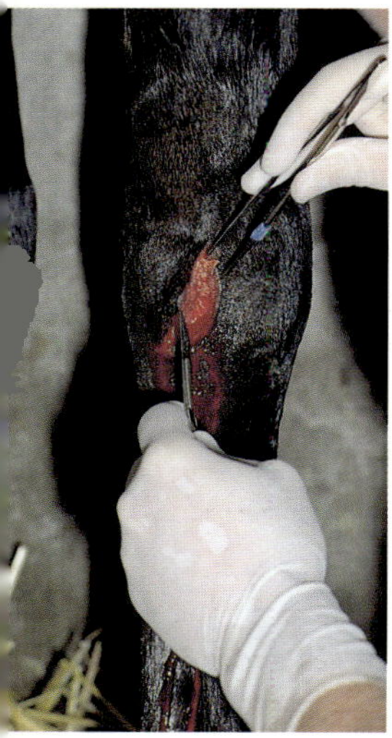

Une blessure profonde qui saigne beaucoup doit être parée, puis suturée.

d'accidents gravissimes pourraient être évités si les barbelés n'étaient plus utilisés.

Plusieurs cas de figures peuvent se produire : cheval qui se roule ou rue trop près de la clôture, tente de la franchir, s'y prend un antérieur en grattant le sol près du fil, etc. Dans la plupart des cas, les blessures sont profondes, peu nettes et très longues à guérir. De plus, le très fort instinct de fuite du cheval et sa peur d'être pris au piège l'amènent souvent à se débattre lorsqu'il se sent prisonnier du fil, causant des dommages plus graves encore.

La première chose à faire est de calmer l'animal et de le dégager du fil en le coupant si besoin est. Nettoyer ensuite la ou les plaies à l'eau et au savon, éventuellement au jet (sans pression), afin de mieux évaluer l'ampleur des dégâts. Selon la gravité de la blessure, il peut être nécessaire de faire quelques points de suture (dans les douze heures suivant l'accident), et de parer la plaie, en coupant les poils et les lambeaux de peau susceptibles d'y pénétrer et de causer une infection. L'injection d'un sérum antitétanique, éventuellement associé à un rappel de vaccin, est une précaution qui s'impose, tout comme un traitement antibiotique si la blessure est profonde.

Les morsures

Il peut arriver que deux chevaux se blessent lors d'un affrontement, mais il est rare que les morsures soient profondes. Le plus souvent, elles se limitent à une zone dépilée, éventuellement à une égratignure. Dans certains cas, pourtant, la plaie peut être ouverte, ce qui arrive aussi suite à la morsure d'un autre animal (un chien, par exemple). Il est très important de bien nettoyer et désinfecter la blessure en profondeur, pour limiter les risques d'infection. L'intervention du vétérinaire peut être indispensable dans certains cas (plaie profonde et suintante, aux bords déchiquetés), en particulier si l'on ignore la provenance exacte de la morsure. La rage n'est pas à écarter et il est préférable d'effectuer un rappel en cas de doute. De même, un sérum antitétanique et un traitement antibiotique seront utiles.

Les principales maladies

Il existe, comme chez l'homme, une multitude de maladies affectant les équidés. Certaines d'entre elles peuvent être prévenues grâce à l'administration d'un vaccin. Ce qui suit est une liste – loin d'être exhaustive – des principales maladies susceptibles d'affecter les chevaux (les maladies affectant les membres et les pieds sont détaillées dans un chapitre précédent).

Les maladies affectant le système nerveux

✓ *Le tétanos*

C'est une des maladies les plus terribles chez le cheval comme chez l'homme. Due à un bacille, elle se déclare généralement après une blessure (barbelé, morsure, chute sur un sol caillouteux). La prévention est facile car le vaccin, très répandu, est extrêmement efficace. Non soignée ou prise trop tard, la maladie est mortelle : elle cause à terme une paralysie de plus en plus importante allant jusqu'à empêcher la respiration.

En cas de plaie chez un cheval correctement vacciné, on procède à une injection de rappel. Chez un cheval non couvert par la vaccination, il faut injecter un sérum antitétanique préventif ainsi qu'une dose de vaccin.

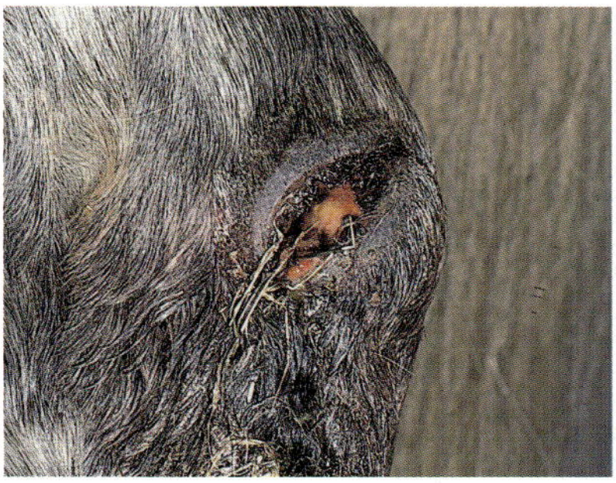
Une plaie peut être à l'origine de maladies comme le tétanos.

✓ *La rage*

Elle aussi évitable grâce à un vaccin, la rage est en forte régression dans notre pays. Pour preuve, la liste des départements officiellement infectés, publiée chaque année, est aujourd'hui limitée à cinq départements alors qu'on en comptait vingt-huit en 1995, vingt-deux en 1996 et seize en 1998. Assez rare chez les chevaux, ceux-ci peuvent toutefois contracter cette terrible maladie après avoir été mordus par un animal infecté (renard, chien). Dans les zones à risque, il est donc recommandé de faire systématiquement vacciner les animaux. La vaccination est d'ailleurs obligatoire pour tous ceux qui participent à des concours ou à des foires-expositions.

Une fois déclarée, la maladie est incurable et toujours mortelle.

✓ *Le coup de chaleur*

C'est l'équivalent de notre insolation. Il survient après un effort intensif par grande chaleur ou une station prolongée au soleil. La température de l'animal ne peut alors plus se réguler correctement et augmente considérablement.

L'animal est en sueur, il tremble, ses naseaux sont dilatés et ses yeux sont exorbités. Sa respi-

Un cheval victime d'un coup de chaleur doit être rafraîchi immédiatement.

ration et son pouls sont très rapides et il arrive qu'il saigne du nez. Le coup de chaleur peut parfois être mortel et il convient d'appeler le vétérinaire en urgence. En l'attendant, il faut rafraîchir le cheval par tous les moyens : on le met à l'ombre, on le douche, on le recouvre de linges mouillés. Il est toutefois prudent de ne l'abreuver que par petites quantités à la fois, en évitant l'eau glacée.

Les maladies affectant les voies respiratoires

✓ *La grippe équine*

C'est une maladie très contagieuse, contre laquelle il est recommandé de faire vacciner les chevaux, en particulier ceux qui vivent en groupe ou ont un contact fréquent avec leurs congénères. Un cheval atteint doit être mis au repos pendant une longue période. Il tousse, « mouche » et reste abattu. Les jeunes chevaux ou ceux qui sont déjà affaiblis peuvent en mourir.

✓ *Le refroidissement*

À ne pas confondre avec la grippe, il est l'équivalent de notre rhume. Causé par des microbes des voies respiratoires dont la prolifération est favorisée par une faiblesse passagère de l'animal (« coup de froid »), le refroidissement fatigue l'animal mais il n'est pas très grave. Les symptômes sont un nez qui coule, une toux plus ou moins importante, un abattement général et des frissons. Souvent, le cheval atteint perd l'appétit. Le traitement consiste principalement en une mise au repos, dans un endroit sec, à l'abri des courants d'air. Le cheval doit être couvert (couverture et bandes de repos) et mis à la diète légère (foin et mashes). Il est prudent de faire venir rapidement le vétérinaire, qui prescrira généralement des antibiotiques.

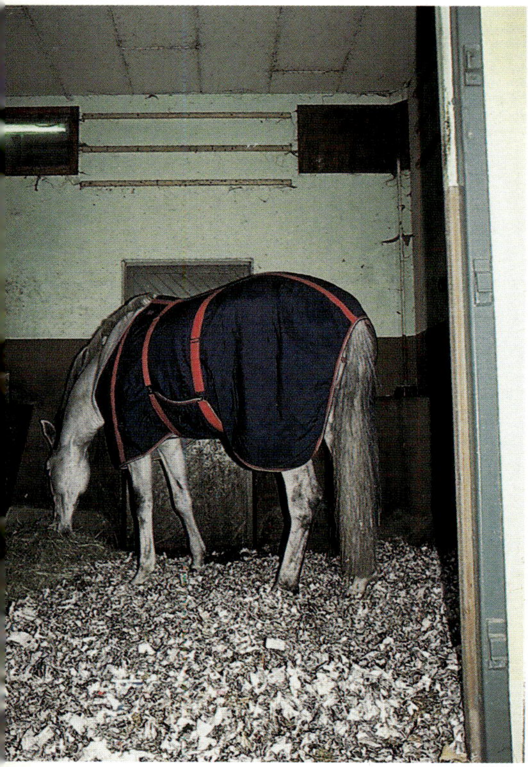

Comme les humains, les chevaux peuvent attraper des refroidissements.

✓ *La gourme*

C'est une maladie très contagieuse, qui se répand rapidement au sein d'une écurie. Les vaccins ne sont pas très efficaces et la meilleure prévention est la mise en quarantaine de tout animal atteint et la désinfection systématique de tout le matériel qui a été à son contact. Les symptômes de la gourme ressemblent tout d'abord à ceux d'un refroidissement, puis évoluent vers des écoulements de plus en plus importants au niveau des naseaux. Du pus épais, de couleur jaunâtre, s'écoule sans cesse par le nez. Les ganglions situés sous l'auge et derrière les oreilles gonflent et l'animal a la gorge enflammée. Les antibiotiques sont le traitement de choix pour cette maladie, et peuvent être accompagnés de fumigations et d'applications de compresses d'eau salée sur les ganglions enflés.

Réaliser une injection

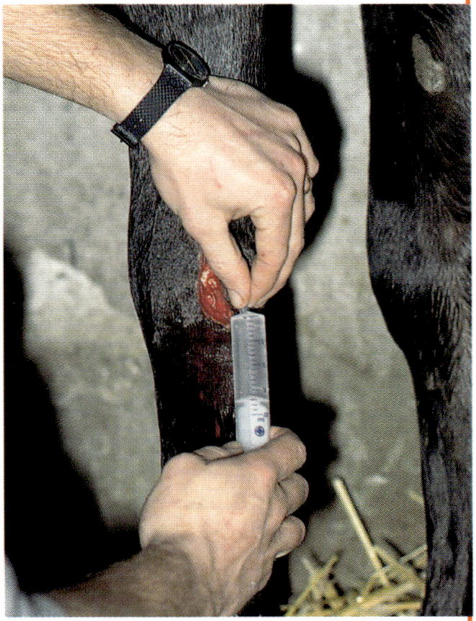

Certaines injections doivent être réalisées par un spécialiste.

Un propriétaire d'équidés peut être amené à réaliser lui-même certaines injections, uniquement sur prescription vétérinaire. La préparation est importante et on doit impérativement effectuer quelques vérifications de base : médicament adapté aux chevaux, non périmé, conservé dans les conditions adéquates. On vérifiera également la posologie et le mode d'administration du produit. Il existe différents types d'injections, dont deux, l'intramusculaire et la sous-cutanée, sont réalisables par un propriétaire d'équidés. Les injections intraveineuses doivent être réservées au vétérinaire et aux soigneurs expérimentés, sous peine de graves accidents.
On utilise pour les équidés des seringues stériles à usage unique, dont la contenance est habituellement de 20 cc. Il ne faut jamais réutiliser une seringue sur plusieurs chevaux : on risquerait alors de transmettre des maladies de l'un à l'autre. De même, il ne faut jamais toucher l'aiguille avec les doigts, il faut travailler toujours avec des mains propres et désinfecter l'emplacement de l'injection à l'aide d'un coton imbibé d'alcool. Pour une injection intramusculaire (les plus fréquentes), commencer par remplir la seringue de la quantité prescrite de produit. Désinfecter le lieu de l'injection : de préférence le plat de l'encolure, dans sa région postérieure. Tapoter doucement la zone d'injection pour prévenir l'animal, puis planter perpendiculairement l'aiguille jusqu'à la garde dans le muscle d'un coup sec. Tirer légèrement le piston pour vérifier que l'aiguille n'est pas dans un vaisseau : si du sang pénètre dans la seringue, il faut recommencer. Une fois certain d'être au bon endroit, presser fermement le piston pour injecter le produit. Retirer ensuite rapidement l'aiguille. On peut alors masser doucement la zone de l'injection pour aider à la diffusion du produit. On vérifiera dans les jours qui suivent qu'aucun abcès ni aucune réaction locale n'apparaisse au lieu de la piqûre.

✓ *L'emphysème*

C'est une affection pulmonaire qui rend le cheval « poussif » : celui-ci a du mal à respirer et tousse au moindre effort. Un excès pondéral est parfois à l'origine de la maladie, mais le plus souvent, elle est la séquelle d'anciennes affections du système respiratoire ou tout simplement d'une prédisposition héréditaire.

Il existe divers compléments alimentaires (souvent à base d'ail et de plantes médicinales) censés aider à soigner l'emphysème. Toutefois, cette affection très handicapante pour l'animal ne lui permettra jamais de fournir un travail normal : l'idéal est de le laisser au repos au pré et de lui éviter efforts et inhalation de poussière. Les crises les plus sévères nécessitent la venue du vétérinaire.

Un cheval qui tousse peut être emphysémateux.

Les maladies du système digestif

✓ *Les coliques*

Elles peuvent avoir différentes causes, et sont plus ou moins graves, parfois mortelles. On distingue les coliques spasmodiques, douloureuses mais généralement bénignes, des coliques d'obstruction et des coliques vermineuses (plus fréquentes qu'on ne le croit !) évoluant jusqu'à la torsion d'intestin. Les causes étant nombreuses, la prévention consiste à faire preuve de prudence : pas de changement brutal de régime, des aliments de bonne qualité (jamais moisis ni fermentés), des repas fréquents et réguliers, composés d'un petit volume d'aliments à la fois et dont la composition est adaptée aux besoins du cheval (saison, âge, travail). Ne jamais donner de l'eau glacée à un cheval après un effort violent et lui « couper la boisson » s'il semble vouloir boire longtemps sans s'arrêter. Ne jamais lui offrir de l'eau souillée. Le travail doit lui aussi être régulier et tout changement radical de programme est à proscrire : comme pour l'alimentation, l'évolution doit toujours être progressive. Bien sûr, l'animal doit être vermifugé régulièrement.

Un cheval victime de coliques se roule et se regarde les flancs d'un air inquiet.

En cas de colique, il faut appeler le vétérinaire dès les premiers symptômes, afin qu'il fasse au cheval des injections d'antispasmodiques. En attendant son arrivée, on fera marcher le cheval en main calmement, sans s'arrêter.

✓ *La diarrhée*

Elle est fréquente après un changement de régime (mise à l'herbe) ou de rythme de travail, parfois simplement à cause d'un stress (transport, isolation). Si elle dure, il

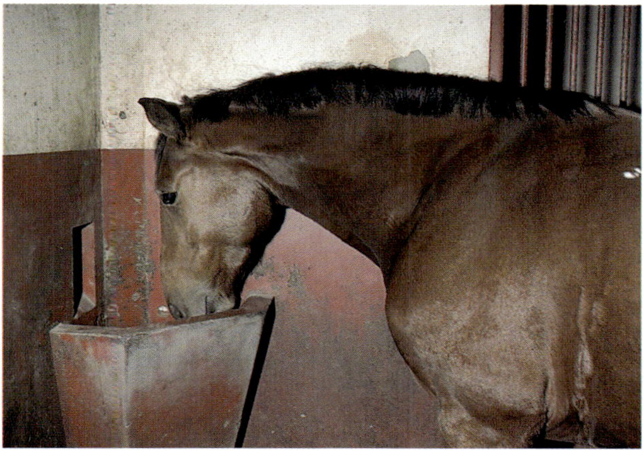

Le système digestif du cheval est très sensible et il peut être sujet à diverses maladies.

est prudent d'appeler le vétérinaire car elle peut évoluer en colique ou affaiblir l'animal. Une diarrhée persistante peut aussi être le signe de troubles plus graves, en particulier chez les poulains ou les vieux chevaux.

✓ *L'anorexie*

Comme chez l'homme, l'anorexie existe chez le cheval, qui se met à bouder sa ration. Comme la diarrhée, l'anorexie est plus un symptôme qu'une maladie à part entière. Elle peut être due à un accès de fièvre imputable à une maladie, au surmenage ou à un problème dentaire (surdent, par exemple). Si elle dure plus d'un jour ou deux, il faut appeler le vétérinaire afin d'éviter une importante perte de poids et de pouvoir déterminer la cause de cette perte d'appétit.

✓ *L'hémoglobinurie*

Plus connue sous le nom de « maladie du lundi », cette affection se déclare généralement après un jour de repos. Il s'agit d'une sorte d'indigestion, due à une nourriture trop riche par rapport au travail fourni par l'animal. Les symptômes sont une paralysie violente, des douleurs et des urines très colorées (rouges à cause d'une libération d'hémoglobine).

Le malade doit immédiatement être immobilisé et ses reins couverts. Il faut alors le faire boire et le mettre au repos plusieurs jours. Le vétérinaire doit être appelé d'urgence.

Les maladies de peau

✓ *La teigne*

C'est une maladie de peau très répandue, causée par un champignon parasite microscopique. Le cheval perd ses poils par petites plaques circulaires, généralement localisées au niveau de la tête, de l'encolure, du garrot, du passage de sangle ou de la base de la queue. La teigne s'étend peu à peu, avec l'apparition de pellicules autour des lésions. Elle ne démange pas ou peu mais est très contagieuse d'un animal à un autre et peut également être transmise à l'homme. Le cheval doit de préférence être isolé et son équipement (matériel de pansage, tapis de selle) soigneusement nettoyé et désinfecté après chaque utilisation. Il faut bien entendu se laver soigneusement les mains après avoir été en contact avec un cheval teigneux. La prévention est pratiquement impossible ; il faut simplement repérer les lésions le plus tôt possible et traiter immédiatement tout animal atteint avec un produit antimycosique à large spectre prescrit par le vétérinaire, tout en évitant la transmission du champignon.

✓ *La gale*

C'est une affection causée par un parasite externe de la famille des acariens, qui creuse des galeries sous la peau. La gale est très contagieuse, y compris par contact avec des éléments externes (matériel de pansage, par exemple). Comme pour la teigne, une atmosphère humide est propice à son développement. On distingue trois types de gales, selon la localisation des parasites : gale du corps, gale des membres et gale des crins.

Contrairement à la teigne, la gale provoque de fortes démangeaisons. La peau se couvre de petits boutons, puis de plaques dépilées sur lesquelles se forment des croûtes. Il faut isoler au plus vite les animaux atteints et les traiter avec un antiparasitaire (lotion acaricide), sans oublier de traiter également l'environnement (écurie) et le matériel (harnachement, outils de pansage).

Se rouler est une activité normale, mais un cheval qui se roule souvent est peut-être malade.

✓ *La dermite estivale*

C'est une allergie aux piqûres d'insectes assez fréquente en été et récidivante. Elle provoque de fortes démangeaisons au niveau de la crinière et de l'attache de la queue. Le cheval se gratte alors de façon persistante, souvent jusqu'à provoquer d'impor-

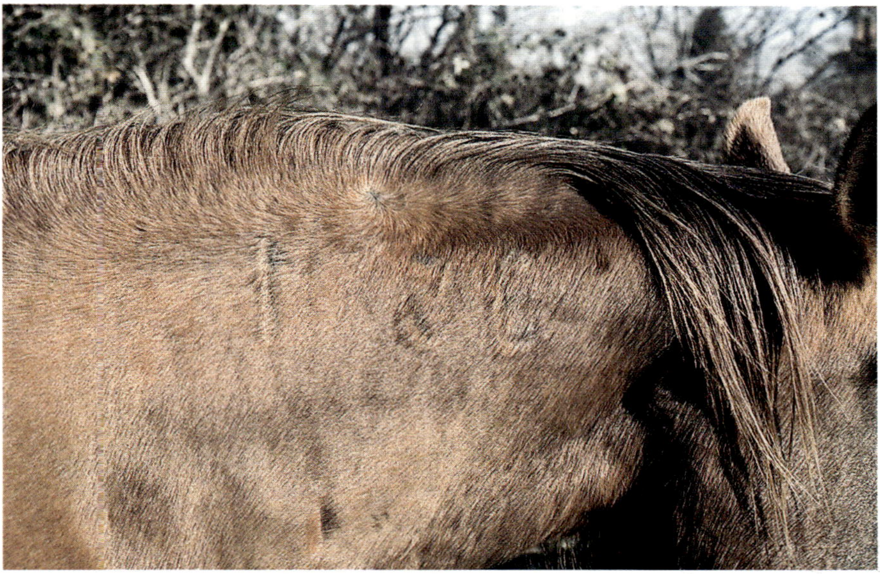

L'état du poil et des crins en dit long sur la santé du cheval.

tantes dépilations. Un cheval sensible sera de préférence gardé au box l'été, en particulier pendant la journée, afin d'être à l'abri des insectes. L'utilisation de produits répulsifs, en renouvelant leur application très fréquemment, peut permettre de prévenir l'apparition des lésions. Il n'existe pas de traitement de fond, seuls les symptômes pouvant être traités à l'aide de corticoïdes en applications locales.

L'utilisation de produits répulsifs contre les insectes s'impose en cas de dermite estivale.

Administrer un médicament

Lorsque le cheval est malade, ou tout simplement pour l'entretien courant, il est parfois nécessaire d'administrer soi-même un médicament à son cheval. Les vermifuges, par exemple, existent sous forme de pâte (dans une seringue sans aiguille) ou de poudre à mélanger à la nourriture. La pâte s'injecte directement dans la bouche du cheval, en y insérant le bout de la seringue par la commissure des lèvres et les barres. Certains chevaux particulièrement nerveux ne se laissent pas faire facilement et il peut être préférable de mélanger la pâte à de la nourriture.

Quel que soit le médicament à administrer dans la ration, il est préférable de le mélanger à un aliment très appétant pour le cheval afin d'éviter qu'il boude son « picotin ». Son goût et son odorat sont en effet très développés et il n'est pas rare qu'il refuse un aliment dans lequel on a mélangé un médicament.

Faire naître un poulain

Qui n'a pas un jour rêvé de voir un joli poulain s'ébattre dans son pré ?

Les bonnes et les mauvaises raisons

Tout possesseur de jument pense un jour à faire naître un poulain. Il est vrai que l'idée de voir naître et évoluer cette petite créature ravissante et maladroite est des plus tentantes. Pourtant, la reproduction ne doit pas être considérée comme un acte banal, ni être envisagée sans y avoir mûrement réfléchi auparavant.

Savoir mesurer ses envies

Outre la somme importante de travail et les dépenses d'argent que peut représenter l'entretien d'une poulinière et de son rejeton, l'avenir de ce dernier doit lui aussi être pris en compte. Si l'on souhaite assurer une descendance à sa jument préférée afin de posséder une « relève » lorsqu'on la mettra à la retraite, ce peut être une bonne idée (attention toutefois au choix de l'étalon !). Si l'on possède une jument de race aux origines prestigieuses ou au palmarès sportif impressionnant, on peut également envisager de reproduire en race pure, en lui choisissant un étalon à papiers aux qualités équivalentes. Il est alors envisageable de vendre le poulain sans faire de déficit. Par contre, si la jument ne possède aucune qualité particulière et que l'étalon choisi n'en a pas non plus, l'intérêt de leur faire faire un poulain est des plus limités, principalement s'il ne s'agit pas de garder le produit pour soi ! Un poulain aux origines indéterminées, issu de reproducteurs sans intérêt particulier, sera difficile à vendre et ne partira certainement pas à un prix important. Le propriétaire de la jument risque alors de se retrouver largement déficitaire lorsqu'il additionnera tous ses frais (alimentation, vétérinaire, saillie) et les comparera avec le prix qu'il aura pu tirer de la vente du poulain. De plus, un éleveur responsable se soucie du devenir de sa production. Il ne lui suffit pas de faire naître des poulains et de les vendre à profit : il aura à cœur de bien placer ses produits et de leur assurer un avenir aussi rose que possible.

En bref, élever des chevaux demande réflexion et expérience, mais aussi un sens aigu des responsabilités. Il y a trop de chevaux maltraités et malaimés pour pouvoir se permettre une production irraisonnée. Les bonnes raisons

Faire naître un poulain est très tentant… mais c'est aussi une lourde responsabilité à ne pas sous-estimer.

pour commencer un élevage ou simplement produire un poulain sont nombreuses, mais probablement pas autant que les mauvaises !

Des contraintes et des frais à ne pas négliger

Si l'on souhaite améliorer une race donnée, produire des chevaux destinés à une activité précise en tenant compte des qualités et des défauts des reproducteurs de départ, la démarche est intéressante.

Encore faut-il avoir l'expérience nécessaire (ou les conseils avisés d'un spécialiste), et les moyens de ses ambitions. Si l'on veut simplement s'offrir à coût raisonnable un poulain que l'on élèvera soi-même (à condition encore une fois d'en avoir les moyens financiers et techniques), issu d'une jument qui correspond à ce que l'on recherche, et que l'on compte conserver le produit et sa mère, le calcul n'est pas mauvais non plus. Par contre, si l'on n'a ni fonds ni capacités, si les connaissances techniques ou les moyens matériaux (installations) manquent, mieux vaut s'abstenir. Et si l'on pense se faire un peu d'argent en croisant sa jument avec l'étalon du voisin pour vendre leur produit au sevrage, gare aux désillusions ! Il y a sur le marché quantités de poulains et chevaux adultes sans qualités particulières, proposés à bas prix, dont un nombre important finit à l'abattoir faute d'acheteurs motivés. Élever un poulain, ce n'est pas seulement faire saillir sa jument !

L'élevage est une affaire de passionnés.

Le choix des reproducteurs

Une fois décidé à faire reproduire sa jument, le propriétaire doit savoir choisir l'étalon adéquat. Selon la race, le type, la conformation, le caractère et les aptitudes de la jument (et pourquoi pas aussi selon sa robe), on lui choisira un étalon qui lui convienne, en mettant l'accent sur les qualités que l'on souhaite favoriser et en prenant soin de ne pas « doubler » sur un défaut majeur.

Les qualités recherchées

Les qualités recherchées varient selon les objectifs : on recherchera par exemple un tempérament calme pour un cheval de loisirs, des capacités sportives pour un cheval d'obstacle

Les qualités et les défauts de la jument doivent aiguiller le choix d'un reproducteur complémentaire.

Le choix d'un étalon doit être réfléchi.

ou de dressage, ou encore un modèle harmonieux pour un cheval d'élevage. Pour ce qui est des défauts, il faut éviter de faire reproduire ensemble deux géniteurs présentant les mêmes imperfections : défaut d'aplombs, de construction, tempérament craintif ou agressif, allures défectueuses. Attention : on ne corrige pas un défaut de la jument en la mariant avec un étalon atteint du défaut inverse. Le poulain produit risque de naître avec l'un des deux défauts, mais ceux-ci ne s'annulent pas !

Une croyance populaire veut que le mâle soit plus important que la femelle lorsque l'on fait se reproduire deux animaux. C'est totalement faux et l'on peut même considérer que c'est l'inverse qui est vrai ! En effet, si les deux parents transmettent exactement le même nombre de gènes (donc de caractéristiques bonnes ou mauvaises) à leurs descendants, c'est la mère qui, en élevant son petit, lui transmettra toute la partie acquise de ses qualités et de ses défauts. C'est particulièrement vrai en ce qui concerne le caractère. Il vaut donc toujours mieux éviter de faire se reproduire une jument peureuse ou caractérielle : elle risquerait fort de transmettre ces caractéristiques à ses descendants. Pour ce qui est du modèle, les deux parents portent une responsabilité égale. Un étalon extraordinaire marié à une jument mal construite produira la plupart du temps des poulains médiocres !

Encore une fois, l'important est de cerner du mieux possible les qualités recherchées, en étant aussi objectif que possible à propos des défauts de la jument. Un éleveur qui considère que ses reproducteurs n'ont que des qualités n'avance pas et ne produit que des animaux de piètre qualité. C'est en sachant voir les bons et les mauvais côtés de ses chevaux que l'on peut avancer et produire les meilleurs poulains.

L'âge des reproducteurs

Enfin, il faut bien entendu prendre en compte l'âge des reproducteurs. Trop jeunes, ils pourraient ne pas être fertiles ou, dans le cas de la jument, ne pas être capable de subvenir aux besoins du poulain.

Trop vieux, les entiers peuvent ne plus être très fertiles et les juments risquent de ne pas pouvoir amener leur poulain à terme. En pratique, un entier reproduira à partir d'environ trois ans (âge minimum pour devenir étalon agréé), et les juments seront saillies pour la première fois entre trois et douze ans. Une jument qui a déjà porté peut continuer à reproduire jusqu'à environ vingt ans. Plus tard, la grossesse sera considérée comme à risque, autant pour la survie du poulain que pour la santé de la mère.

Saillie en main ou en liberté ?

Les saillies en liberté sont pratiquées pour les poneys comme ces welshes, plus souvent que pour les chevaux de sang ou de trait.

Lorsque la jument est en chaleur, généralement au début du printemps, on l'amène à l'étalon choisi pour la saillie. Il est généralement possible de la laisser en pension sur place quelque temps, soit jusqu'à la fin des chaleurs, soit jusqu'à ce que l'on soit sûr qu'elle est pleine (les frais de pension et d'échographie sont à la charge du propriétaire).

Pour ce qui est des saillies proprement dites, il existe deux solutions, selon les préférences du propriétaire de l'étalon. Pour les races rustiques (poneys, chevaux de loisirs ou de trait), la solution la plus courante est la saillie en liberté, l'étalon et la jument étant lâchés ensemble au pré et laissés libres de faire connaissance. Pour les chevaux de sport et de sang, on procède souvent à des saillies en main, assistées par deux personnes. L'une tient alors la jument au licol, celle-ci pouvant être entravée pour éviter qu'elle botte l'étalon, tandis que l'autre amène ce dernier en main.

L'insémination artificielle

Outre la monte en main ou en liberté, il existe une troisième méthode de fécondation : l'insémination artificielle en sperme frais, réfrigéré ou congelé. Celle-ci permet, entre autres, d'éviter la transmission de maladies entre les deux reproducteurs, mais aussi de disposer d'étalons stationnés à de grandes distances de la jument ou de « performers » en cours de saison de compétition. On recueille le sperme à l'aide d'un vagin artificiel, puis on l'introduit directement dans l'utérus de la jument soit immédiatement (sperme frais), soit sous quarante-huit heures (sperme réfrigéré). On peut aussi le congeler après l'avoir réparti en plusieurs « doses », utilisables à volonté. La semence congelée est conservée dans de l'azote liquide et peut être utilisée à tout moment et expédiée sur de longues distances (dans des containers spéciaux). L'insémination artificielle permet ainsi d'optimiser la production d'un étalon de qualité, de lui éviter les risques de transmission de maladies vénériennes et de le ménager, puisqu'il effectuera moins de « sauts » pour le même nombre de juments servies (environ vingt juments pour une seule récolte). Pour la jument, l'insémination évite de longs trajets et des frais importants de transport et de pension, d'autant plus qu'il est possible de faire venir les doses de semence dans un centre d'insémination régional proche du domicile de l'éleveur.

Choisir le sexe de son poulain ?

Depuis quelque temps, on avance la possibilité de pouvoir choisir à la conception le sexe du poulain à naître. La science est en progrès constant et il est indéniable qu'elle repousse chaque jour les limites de l'impossible, notamment en matière de reproduction (mères porteuses, fécondation in-vitro, clonage). Si certaines de ces découvertes sont d'une utilité certaine, il faut néanmoins réfléchir à leurs inconvénients et à leurs risques, à plus ou moins long terme.
Certes, il peut être tentant de choisir le sexe de son poulain, mais cette possibilité, qui va à l'encontre des lois naturelles, risque de causer de graves problèmes à l'avenir. Les éleveurs risquent en effet d'opter le plus souvent pour la production de juments, plus faciles à vendre et plus rentables à l'élevage (un seul étalon suffisant à saillir une quantité importante de juments). On pourrait assister, à terme, à une véritable pénurie de mâles reproducteurs de qualité, ce qui serait extrêmement dommageable à l'espèce.

La saillie en liberté est bien sûr la méthode la plus naturelle. Les deux animaux ont tout le temps de faire connaissance et de se « faire la cour » avant de procéder à une saillie sans contraintes. En revanche, l'étalon peut parfois prendre un coup de pied ou mordre la jument. Cette solution n'est donc pas sans risques de blessures pour l'un et l'autre des partenaires. Dans le cas d'une saillie en main, en particulier lorsque la jument est entravée (on protège aussi parfois son encolure contre les coups de dents du mâle), les risques de blessures sont minimes. Le manque de « préliminaires » peut toutefois paniquer une jument sensible ou peu expérimentée, qui sera de plus en plus difficile à tenir les fois suivantes. De plus, la monte en liberté permet une plus grande certitude de fécondation, l'étalon reconnaissant à coup sûr le « bon moment ».

La saillie en main s'apparente trop souvent à un véritable viol organisé !

Soigner une poulinière

La gestation chez la jument dure onze mois. Les poulains conçus au printemps naissent donc également à cette saison, ce qui leur donne le maximum de temps pour grandir et prendre des forces avant de devoir affronter leur premier hiver.

Lorsque la jument est pleine, il faut savoir s'en occuper convenablement afin qu'elle ne manque de rien. Elle peut continuer à travailler pendant la première moitié de sa grossesse, puis il vaut mieux diminuer progressivement le travail pour l'arrêter complètement au sixième mois de gestation. Le jument pourra à nouveau travailler dès que son poulain sera en mesure de la suivre ; on dit alors qu'elle est « suitée ». En ce qui concerne son alimentation, il faut augmenter progressivement la ration de la pouli-

La fierté de l'éleveur se lit sur son visage.

nière dès les premiers mois de gestation, sans pour autant surcharger la future maman. Une complémentation en vitamines et minéraux lui sera bénéfique, ainsi que le passage à un aliment spécifiquement destiné aux juments gravides et en lactation. Pendant tout ce temps, on continuera à surveiller la jument et à s'en occuper normalement, tout en lui laissant de longues plages de tranquillité.

La mise bas

Il est assez rare que le propriétaire puisse être présent pour assister à la mise bas, à moins que celui-ci procède à une surveillance de tous les instants à l'approche du terme. En effet, les juments choisissent généralement un moment et un endroit tranquilles et isolés pour donner naissance à leurs petits.

Certains signes permettent de savoir si la mise bas est proche. Les mamelles augmentent progressivement de volume, puis, quelques jours avant la mise bas, leur extrémité se recouvre d'une substance cireuse, qui n'est autre qu'un bouchon de colostrum (le premier lait). Quelques heures seulement avant le poulinage, le bouchon cireux tombe et laisse couler un peu de lait. La vulve se relâche et les muscles de l'arrière-main se détendent, donnant l'impression que la croupe s'affaisse. À l'approche de la mise bas, la jument semble agitée, transpire et cherche à s'isoler. La plupart du temps, elle se couche pour donner naissance à son petit, mais certaines juments restent debout, se contentant d'écarter légèrement les postérieurs pour dégager le passage.

Les premières contractions provoquent la rupture de la poche des eaux, puis le poulain apparaît dans l'heure qui suit. Le placenta est ensuite expulsé dans un délai d'environ deux heures. C'est également le temps qu'il faut pour que le poulain se lève, urine et se mette à téter. Ce premier lait, le colostrum, est très important pour lui : il contient en effet les anticorps maternels, qui l'aideront à lutter contre les maladies pendant ses premiers mois de vie.

Après la mise bas, il est recommandé de bien abreuver la jument et de faire venir le vétérinaire pour qu'il examine la mère et son petit. C'est aussi lui qui interviendra si le placenta n'a pas été expulsé six heures après le poulinage.

Le poulain est sur ses jambes quelques minutes après sa naissance.

Les soins au poulain nouveau-né

À peine né, le poulain se lève et trouve les mamelles, parfois avec l'aide de sa mère. Celle-ci le lèche consciencieusement, afin de le sécher, de le réchauffer, de stimuler sa circulation sanguine et de le recouvrir de sa propre odeur. En quelques heures, il est capable de la suivre, de la reconnaître et d'évoluer aux trois allures. Il ne faudra que quelques jours pour qu'il commence à jouer avec les autres poulains et avec sa mère, puis qu'il s'intéresse à l'herbe du pré ou au seau de granulés.

Le poulain apprend vite comment se comporter avec les autres chevaux, et à reconnaître ses amis et ses ennemis, grâce à l'influence de sa mère. C'est pourquoi il est essentiel que sa mère soit d'un tempérament sociable et équilibré, et que le poulain reçoive le maximum de contacts humains dès sa naissance. En lui présentant de nombreux éléments nouveaux dès les premières heures de sa vie, et en le familiarisant avec l'homme et avec les autres espèces (chiens, chats) avec lesquelles il sera amené à cohabiter plus tard, on en fait un être plus adaptable et aux capacités d'apprentissage accrues. On parle alors d'imprégnation comportementale, le poulain apprenant très tôt, avant d'être sujet à la peur ou à la méfiance, à tolérer les êtres et les objets qu'il côtoiera plus tard sans sourciller.

En quelques heures seulement, le poulain est capable de suivre les déplacements du troupeau.

La castration

Lorsque l'on fait naître un poulain mâle, une question se pose assez rapidement : faut-il le garder entier ou le castrer ? Outre les problèmes de reproduction, un entier est en effet généralement plus nerveux et moins maniable qu'un hongre ; il est en outre plus facile de faire cohabiter un ou plusieurs hongres avec des juments. Héberger un cheval entier demande des connaissances et des installations adéquates. Bref, à moins d'avoir prévu de faire de l'élevage, il est généralement préférable d'envisager de faire castrer le poulain. Celui-ci s'intéresse en effet très tôt à sa mère et aux autres juments, et il devient fertile dès que ses testicules sont descendus, à environ un an. On attend en principe que le poulain ait fini la plupart de sa croissance, vers un an et demi ou deux ans, avant de le faire castrer. Cette opération relativement simple consiste en l'ablation des testicules, qui cessent ainsi de produire les spermatozoïdes et les hormones androgènes. L'animal perd alors sa capacité de reproduction, ainsi que certains traits comportementaux (agressivité, instinct de reproduction, excitabilité) propres aux entiers. Son physique est également affecté par cette opération, surtout si celle-ci est effectuée de bonne heure. Après une diète de trois à quatre jours, l'animal est soit tranquillisé et opéré debout, soit totalement anesthésié et opéré couché. Il doit être en parfait état de santé, à jour de ses vaccinations (en particulier contre le tétanos) et vermifugé. Une surveillance attentive et un exercice modéré et régulier sont nécessaires après l'opération, afin d'éviter toute infection ou gonflement. On choisit habituellement de castrer les poulains à l'automne ou au printemps, afin d'éviter que l'animal soit importuné par les insectes après l'opération, tout en lui laissant accès aux pâturages.

Glossaire

Bouchon : Brosse dure ou tresse de paille sèche utilisée pour sécher le cheval.

Box : Écurie individuelle fermée.

Chauffant (aliment) : Aliment excitant (par exemple l'avoine).

Colostrum : Premier lait, contenant les anticorps de la jument.

Cure-pied : Crochet de métal ou de plastique servant à retirer les saletés et les pierres coincées sous les sabots.

Ensilage : Fourrage fermenté offert aux bovins.

Étalon/entier : On appelle entier tout cheval non castré. Le terme « étalon » ne s'applique qu'à un reproducteur actif.

Éthologie : Science et étude du comportement.

Étrille : Outil en métal ou en plastique de forme ovale ou rectangulaire servant à enlever la boue et la poussière de la robe.

Foin : Fourrage composé d'herbes coupées et séchées.

Fourrage : Aliment riche en fibres, composé de tiges de végétaux (le foin ou la paille, par exemple).

Grégaire : Qui vit naturellement en groupe et recherche la compagnie de ses semblables.

Haylage : Fourrage industriel composé de végétaux hachés et conditionnés sous plastique.

Insecticide/insectifuge : Un insecticide tue les insectes tandis qu'un insectifuge n'a qu'une action répulsive.

Mashe : Repas chaud composé de grain, de son de blé, de succulents coupés en morceaux, de graines de lin et de foin haché, additionnés d'eau.

Paille : Tige des céréales comme le blé, l'orge ou l'avoine.

Parer : Couper les lambeaux de peau autour d'une plaie ou la corne des sabots.

Poney : Petit cheval. On considère que la limite de taille entre un cheval et un poney est 1 m 48 au garrot.

Rétivité : Comportement de rejet par rapport aux ordres donnés, refus de se porter en avant.

Sébum : Huile naturelle de la peau et du pelage.

Stabulation : Écurie collective fermée.

Stalle : Écurie individuelle ouverte dans laquelle le cheval est attaché.

Succulent : Fruit ou légume contenant principalement de l'eau et du sucre (pomme, carotte, betterave...).

Taon : Grosse mouche qui suce le sang des mammifères.

Têtière : Partie de la bride ou du licol qui passe sur la nuque, derrière les oreilles.

Tic : Mauvaise habitude devenue obsessionnelle.

Tirer au renard : Action du cheval qui prend peur à l'attache et tente de se dégager en tirant de toutes ses forces vers l'arrière, au risque de se renverser.

Index

Les chiffres en **gras** renvoient aux parties qui traitent plus largement du sujet.

F

G

H

I

J

L

M

N

O

P-Q

Crédits photographiques

Bending/NATURE : 81, 82, 106, 115 h - **Berthon/NATURE :** 43 hg, 84, 98-99 - **Berthoule/NATURE :** 54, 85 b - **Chaumeton/NATURE :** 43 m (sureau) - **De Monléon/NATURE :** 4 m, 19 b, 21 b, 21 h, 29, 31 h, 41 b, 41 h, 55 h, 58 b, 60 m, 62 b, 65 h, 72 m, 73 b, 75, 78, 79, 80, 83, 85 h, 88, 89 h, 92 h, 93, 94 d, 94 g, 96, 97 b, 97 m, 101 b, 102 b, 102 h, 105 h, 107 h, 108, 109 b, 109 h, 111 b, 111 h, 112, 114, 122 h - **Ferrero/NATURE :** 4 b, 20, 22, 40, 46, 48 b, 48 h, 63 b, 72 h, 77, 86-87, 120, 122 b, 123 - **Labat/NATURE :** 18, 47, 55 b - **Lamaison/NATURE :** 42 b, 43 bg - **Lanceau/NATURE :** 38-39, 52 b - **Laurioux/NATURE :** 4 h, 5 b, 5 h, 6, 8-9, 19 h, 23 b, 23 h, 24 b, 24 h, 25, 26 b, 26 h, 27 b, 27 h, 28 b, 28 h, 30, 31 b, 32, 34 b, 34 h, 35 b, 35 h, 36, 44-45, 49 b, 49 h, 50 bd, 50 bg, 50 hd, 50 hg, 50 mg, 50 mhd, 51 b, 51 hd, 51 hg, 51 md, 52 h, 52 m, 53 b, 53 h, 56 b, 56 h, 56 m, 57 b, 57 h, 58 h, 60 b, 61, 64 b, 64 h, 65 b, 67 h, 68 b, 68 h, 68 m, 69, 70 d, 70 g, 73 h, 74 b, 74 h, 76, 89 b, 89 m, 90, 91, 92 b, 95, 97 h, 101 h, 104, 105 b, 105 m, 107 b, 110, 113, 115 b, 116, 117, 118 b, 118 h, 119, 124 - **Laval/NATURE :** 121 - **LOSANGE :** 42 h, 43 bd, 43 hd, 43 m (fenouil), 43 m (lavande), 43 m (plantain), 43 m (chicorée) - **Mayet/NATURE :** 43 m (lierre) – **NATURE :** 62 h, 63 h - **Sauer/NATURE :** 43 m (ortie).